FRÉDÉRIC ZEITOUN

le dictionnaire jubilatoire de la CHANSON D'AMOUR

HarperCollins

RETROUVEZ
LA PLAYLIST DU LIVRE !

À tous ces auteurs qui m'ont donné envie d'écrire.
À la vie, qui m'a bien souvent donné l'envie de chanter.

PRÉAMBULE

Lorsque les éditions HarperCollins m'ont invité à écrire ce dictionnaire, le mot qui m'a immédiatement convaincu de prendre la plume est celui de jubilatoire. C'est l'adjectif qui qualifie le plus justement mon rapport à la chanson. Depuis ma plus tendre enfance, la chanson en général, et les chansons d'amour en particulier m'ont tant aidé à vivre que je ne pouvais que me réjouir, que jubiler à l'idée de leur rendre hommage. En toute liberté, en assumant mes choix, sans jamais avoir la prétention d'être exhaustif. En privilégiant la chanson française, hormis pour quelques entrées (je pense aux lettres Y ou W) où certains tubes anglo-saxons ont été les bienvenus. En ne faisant jamais mystère de mes goûts et de mes préférences. En n'omettant pas de livrer parfois quelques souvenirs personnels. En révélant, lorsqu'elles étaient savoureuses, des anecdotes, des histoires liées à la genèse de ces refrains que nous avons tous un jour chantés. Et surtout, en n'oubliant jamais de prendre du plaisir en écrivant ce jubilatoire dictionnaire…

Que ceux qui rêvent d'un ouvrage ampoulé et académique ferment immédiatement ce livre.

Que tous les autres me suivent… en chantant.

A

ACCENT

L'accent a toujours été à la chanson d'amour une plus-value non négligeable. Pour ne pas dire un atout enviable.

Aurait-on pu imaginer Mike Brant supplier « Laisse-moi t'aimer » sans cette voix sucrée, gorgée au soleil d'Israël, telles les meilleures oranges de Jaffa ?

Aurait-on pu se pâmer en écoutant Julio Iglesias assurer « Je n'ai pas changé » avec l'accent des faubourgs d'un titi parisien ?

Au rayon des divas, c'est le même constat.

Dalida n'aurait certainement pas roulé aussi vite sur l'autoroute du succès sans son charmant roulement de « r ».

La valise en carton de Linda de Suza aurait viré baluchon sans ses déchirants trémolos aux allures de fado.

Et la Vanina… aaa de Dave ? Aurait-elle pu accéder aux premières places des hit-parades sans son arrière-goût de gouda hollandais ?

J'en doute.

Sans minimiser l'efficacité d'un refrain ni le talent de son interprète, il faut se rendre à l'évidence. Dans la grande histoire de la chanson d'amour, une petite pointe d'accent n'a jamais nui à l'obtention d'un disque d'or. Et au-delà de l'accent, même la pire des langues, à mon sens celle de Goethe, a réussi à transformer un slow teuton en colossal tube de l'année 1960. « Sag Warum » de Camillo Felgen. Une petite pépite que les moins de cinquante ans ne peuvent pas connaître. Tout juste quinze ans après la Libération, une nouvelle offensive, bien inoffensive celle-là, de nos voisins d'outre-Rhin. C'est guttural à souhait et le « *warum* » répété avec insistance durant les deux minutes et vingt secondes du morceau a, au final, de quoi faire froid dans le dos.

Et pourtant des tas de couples se sont aimés sans crainte sur cette atypique bluette.

Warum ?

Pourquoi ?

Franchement, je ne sais pas... !

ÂGE (DIFFÉRENCE D')

Ce thème, souvent abordé en littérature et au cinéma, l'a aussi été en chanson. Parfois l'amoureux est beaucoup plus vieux que sa fiancée (situation qui bien souvent ne choque personne) et parfois c'est l'inverse. Et là, allez savoir pourquoi, toutes les « plaisanteries », même les plus vulgaires, sont de sortie...

En 1973, Dalida vient de fêter ses quarante printemps. Elle cherche un nouveau souffle dans des chansons moins légères que les « Bambino » et autres « Itsi Bitsi » qui ont fait son succès. C'est dans cet état d'esprit qu'elle reçoit Pascal Sevran et Pascal Auriat venus lui présenter de nouvelles compositions. Ce jour-là, rien ne passe. La star fait la moue. Les deux Pascal se voient rejetées toutes leurs propositions. À bout d'arguments et à court de munitions, Sevran tente une dernière cartouche : « Il venait d'avoir dix-huit ans », une chanson inspirée par le roman de Colette, *Le Blé en herbe*, et promise à son amie chanteuse Jacqueline Danno. Dès la première écoute, Dalida jette son dévolu sur le titre. L'héroïne de la chanson lui ressemble étrangement. Elle s'imagine à merveille incarner cette amoureuse touchée et amusée par l'insolence de ce jeune prétendant. Les promesses n'engageant que ceux qui les reçoivent, oubliée la regrettée Jacqueline Danno. On ne peut rien refuser à Dalida. Sûre de son choix, elle s'approprie la chanson. « Il venait d'avoir dix-huit ans » marquera un tournant dans son répertoire et lui ouvrira les portes d'un nouvel auditoire.

En revanche, on ne peut pas dire que Serge Reggiani fut convaincu lorsqu'on lui présenta pour la première fois « Il suffirait de presque rien ». C'est un euphémisme. Cette chanson lui sort par les oreilles. Il ne la chantera… jamais. C'est du moins ce qu'il répète à Jacques Bedos (l'oncle de Guy), son dévoué directeur artistique. Pourtant cette jolie balade écrite par Jean-Max Rivière et composée par Gérard Bourgeois ferait merveille dans le répertoire de Serge. Tout son entourage en est convaincu. Le comédien chanteur serait parfaitement crédible dans ce rôle d'amant déjà mûr tentant de raisonner les assauts d'une amoureuse beaucoup plus jeune que lui.

Bedos, qui n'est pas né de la dernière pluie, parvient toutefois à lui faire enregistrer « la chose ». À condition qu'elle figure en dernière plage sur l'album ! En revanche, Reggiani continue à boycotter la chanson sur scène. Jusqu'à ce beau soir de 1968 où, de guerre lasse, il consent à l'interpréter au Casino de Deauville. Dès les dernières notes, le public lui fait une standing ovation. Médusé, Reggiani demande à son directeur artistique : « Mais tu les as payés ? »

Il suffisait de presque rien pour que cette belle chanson d'amour demeure inconnue…

ALCOOL

Pas besoin d'éthylotest pour trouver des traces d'alcool dans les chansons d'amour. Bien souvent, « cuite » rime avec « fuite ». Le ou la bien-aimée a pris la tangente, laissant l'autre, celle ou celui qui reste, prendre Bacchus à témoin de ses déboires sentimentaux. Pour illustrer notre propos, nous avons choisi, parmi des dizaines, deux chansons, qui à plus d'un demi-siècle d'écart ont mis en scène deux désespoirs similaires.

1954, Boris Vian signe sur une musique d'Alain Goraguer le texte de « Je bois ». On comprend dès les premiers mots du chanteur les raisons de sa plongée en bouteilles. « Je bois systématiquement pour oublier les amis de ma femme... », on se doute bien que lesdits amis ne sont pas sans arrière-pensées. Le texte du refrain, « la vie vaut-elle d'être vécue, l'amour vaut-il qu'on soit cocu », nous apporte, si besoin était, une triste confirmation. C'est dans le vin que l'éconduit a décidé de noyer son chagrin. Constat amer et désespéré d'un pochtron en pleine dépression. Car il faut bien noter qu'en matière de chansons d'amour, l'alcool n'est jamais très festif.

Pour preuve, la chanson « Formidable » publiée en mai 2013 par Stromae. Si la dramaturgie est exactement la même que chez Vian, nous sommes passés au XXIe siècle. L'image a dorénavant presque plus d'importance que le verbe. L'artiste belge ne s'y est pas trompé. Le clip de sa chanson est tourné en caméra cachée, près de l'arrêt de tramway Louise, à Bruxelles. On y voit le chanteur titubant et prenant les passants à témoin de sa déconvenue amoureuse. C'est du grand art. Cette vidéo devient virale et trois jours à peine après avoir été postée, elle totalise plus de trois millions de vues. Un an plus tard, à l'heure de la consécration

des Victoires de la musique, cette chanson recevra la Victoire du meilleur clip de l'année. Stromae se souvient en avoir eu l'idée, tout simplement, en se promenant. Un sans-abri quelque peu éméché l'aurait apostrophé au cri de : « Tu te crois beau ? » Cette scène l'a tant marqué qu'il en a fait, quelques mois plus tard, la chanson que l'on connaît. « Formidable » ou les débuts d'une formidable carrière.

AMOUR/AMITIÉ

De tout temps, l'étroitesse de la frontière séparant ces deux sentiments a inspiré de fort jolis refrains. Avec « Amour, amitié », Pierre Vassiliu, en 1970, signe sur ce thème un petit bijou. Toute la gêne de celui qui s'apprête à franchir l'invisible ligne de démarcation y est poétiquement exprimée. Il est d'ailleurs fort regrettable que le succès remporté par « Qui c'est celui-là », une joyeuse adaptation brésilienne enregistrée par Vassiliu en 1973, ait cantonné cet artiste au seul rayon des fantaisistes.

Dans la famille des « rigolotes mais pas que », j'appelle Marie-Paule Belle. Si l'artiste a triomphé avec des tubes comme « La Parisienne » ou « Les Petits Patelins » elle ne saurait être réduite à ce seul côté enjoué. Pour preuve, entre autres, son « Quand nous serons amis » datant de 1976. Un texte coécrit par Françoise

Mallet-Joris et Michel Grisolia et mis en musique par l'artiste. Cette chanson pleine de sensibilité prend des airs de court métrage. Au fil de ses couplets, on y visualise deux protagonistes, libérés du feu de la passion, ne partageant plus, en secret, qu'une infinie complicité.

Enfin, sur le même sujet, retour aux tout débuts de Céline Dion. Nous sommes le 9 janvier 1983. Sur le plateau de l'émission Champs-Élysées, présentée par Michel Drucker, une adolescente québécoise de quatorze ans effectue ses premiers pas en France. À l'évidence, la jeune artiste possède une incroyable voix. C'est d'ailleurs ce qui a séduit le regretté Eddy Marnay. Auteur élégant (on lui doit entre autres les plus beaux textes de Michel Legrand), il est immédiatement tombé sous le charme lorsque le producteur René Angélil lui a fait entendre, sur une minicassette, les balbutiements de sa protégée. Marnay décide donc de prêter sa plume à la jeune prodige. Et pour l'habiller « sur mesure », le parolier va se livrer à un genre d'auto-analyse. Quels étaient ses sujets de préoccupation à l'adolescence ? Les filles bien entendu. Il se revoit alors dans l'Algérie de son enfance, entretenant avec les jeunes filles de son âge de maladroites pseudo-relations d'amitié qui n'étaient en fait que des troubles amoureux non avoués. Et c'est riche de ses précieux souvenirs qu'il offre à Céline son premier grand succès, « D'amour ou d'amitié ».

ATTENTE (L')

On a coutume de dire qu'en amour l'attente renforce le désir.

Elle est aussi souvent considérée comme une épreuve de vérité. La relation amoureuse y survivra-t-elle ? Autant de situations possibles et autant donc de chansons à revisiter.

En 1938, l'artiste d'origine italienne Rina Ketty interprète « J'attendrai ». La dame semble bien déterminée. « J'attendrai, le jour et la nuit, j'attendrai toujours ton retour. » Voilà qui est posé. Ce refrain va connaître un immense succès pendant la Seconde Guerre mondiale. Tous les prisonniers sous l'Occupation, tous les amoureux que l'horreur du conflit a séparés vont se reconnaître dans ces paroles. Dalida attendra elle quelque quarante ans pour reprendre ce titre en version disco et en faire à nouveau un gros tube des années 1970. Mais toutes les interprètes n'ont pas la patience de Dalida ou de la belle Rina Ketty. Ainsi Barbara, dans sa chanson « Dis, quand reviendras-tu ? », joue-t-elle cartes sur table avec son bien-aimé. Elle pose ses limites et son désormais célèbre vers « je n'ai pas la vertu des femmes de marins » résonne comme la plus claire des mises en garde. Hubert Ballay, le diplomate pour qui la chanteuse avait écrit ces lignes, n'en tiendra malheureusement pas compte. Nommé en Côte d'Ivoire et passionné par l'Afrique, il jouera trop longtemps avec la patience de l'artiste. Lorsqu'il reviendra, Barbara, fatiguée de lui avoir écrit plus de deux cents lettres restées sans effet, mettra ses menaces chantées à exécution en allant « se réchauffer à un autre soleil ».

AUTOMNE

Si le printemps est considéré comme la saison des amours, l'automne est souvent celle des idylles finissantes. En matière de chansons, nombre de séparations, d'adieux plus ou moins provisoires ont pour décor un paysage automnal.

La plus emblématique reste « Les Feuilles mortes » écrite par Jacques Prévert sur une musique de Joseph Kosma et interprétée par Yves Montand. Ces feuilles mortes là ont bien failli être balayées par le vent de l'oubli. La vieille croyance selon laquelle le public a toujours raison connaît en l'occurrence un cruel démenti. À l'origine, cette chanson est jouée à l'harmonica dans un film de Marcel Carné intitulé *Les Portes de la nuit*, sorti

en 1946. Yves Montand y tient son premier grand rôle. La critique est assassine. Elle rebaptise le long métrage « Les Portes de l'ennui ». Qu'importe, la priorité de Montand est de devenir une vedette du music-hall et il croit dur comme fer à cette triste ballade sur les amours désunies. Il décide donc de l'inclure dans son répertoire. Commence alors pour lui un véritable chemin de croix. Trois années durant, il va persister en traînant cette œuvre qui, au fil du temps, prend des allures de boulet. L'artiste a beau la chanter de toute son âme, un silence glacial et quelques applaudissements polis ponctuent la fin de sa performance. Trois ans plus tard, en 1949, son acharnement va finir par payer. Après moult tentatives, il se décide à chanter ses feuilles mortes entre « Luna Park » et « Les Grands Boulevards ». Il a enfin trouvé la bonne place. Comme par magie, le public est enfin réceptif à cette chanson qui faisait jusqu'alors un bide retentissant. Le succès est tel que, sous le titre « Autumn Leaves », cette création bien française part à la conquête des États-Unis. Les artistes les plus prestigieux décident de l'enregistrer et depuis soixante-quinze ans, les reprises des « Feuilles mortes » se ramassent à la pelle. Beaucoup plus récemment, avec sa chanson « Octobre », enregistrée sur l'album *Un samedi soir sur la terre*, Francis Cabrel nous a prouvé combien l'automne, souvent synonyme d'amours finissantes, pouvait l'inspirer. Il signe là une superbe ballade folk bucolique et mélancolique à souhait. Il faut dire que Cabrel semble avoir une prédisposition pour cette saison. Déjà en 1977, dans son tout premier album *Les Murs de poussière*, le poète d'Astaffort proposait une très jolie version de la chanson « Colchique dans les prés » avec ses « feuilles d'automne emportées par le vent ». Enfin, je vous recommande d'aller séance tenante découvrir ou redécouvrir la « Ballade en novembre » de la regrettée Anne Vanderlove. Avec sa guitare en bandoulière, ses longs cheveux bruns et sa voix cristalline, cette artiste d'origine hollandaise avait des faux airs de Joan Baez. Sa ballade bucolique en novembre avait été l'un des gros succès de l'année 1966, se vendant à plus d'un million d'exemplaires.

Une chanson d'amour triste certes, mais tellement belle qu'elle pourrait presque faire aimer l'automne à ceux qui, comme moi, détestent cette saison...

AVEUX (LES)

Selon un vieil adage, une faute avouée est à moitié pardonnée. Je ne suis pas certain du bien-fondé de cette croyance lorsqu'il s'agit d'amour. Je pense même que l'urgence, si faute il y a, est de tout nier en bloc. C'est en tout cas ce que conseillait Françoise Dorin dans son texte « N'avoue jamais », soumis en premier lieu à Charles Aznavour. Pour être précis, la romancière avait confié deux de ses textes au grand Charles. « Que c'est triste Venise », qu'il mit en musique avec la réussite que l'on connaît, et « N'avoue jamais » dont il finit par avouer qu'il ne l'inspirait guère. Il rendit donc sa prose à Françoise Dorin qui, sans se décourager, confia ses paroles à un tout jeune artiste, Mardochée El Koubi, plus connu sous le nom de Guy Mardel. Ce dernier mit le texte en musique. La chanson fut sélectionnée pour représenter la France au concours de l'Eurovision 1965 où elle finit sur la troisième place du podium. Avouez que Guy Mardel peut dire un grand merci à Charles Aznavour. En « séchant » sur ce texte, Charles lui a offert un énorme tube et son plus gros succès.

En matière d'aveux chantés, les plus émouvants restent certainement ceux livrés par Michel Delpech en 1973. Sur une musique de Guy Skornik, l'artiste s'adonne à une véritable confession. Deux lectures sont possibles. La première, un amoureux transi décide de tomber le masque et de se présenter tel qu'en lui-même à sa bien-aimée : « Il est fatigué, le prince charmant, il est fatigué son beau cheval blanc »... Le super héros descend de son canasson et se montre tout en fragilité dans sa sincérité. Une belle chanson d'amour comme il en a beaucoup enregistré. J'ai toujours pensé qu'il y avait dans ces aveux une autre signification. C'est pour Michel Delpech le début d'une période tourmentée où l'artiste est en quête de sens. Son image de gendre idéal au sourire étincelant lui pèse de plus en plus. Malgré les chiffres records des ventes de ses 45 tours, il se sent de plus en plus à l'étroit dans ce costume de « vedette » aux ritournelles parfois trop légères. Ces aveux sonnent, me semble-t-il, comme une véritable souffrance qui ne le quittera plus. La volonté d'être envisagé, d'être aimé comme un artiste beaucoup plus contrasté et consistant que l'image très lisse qu'il avait jusqu'alors offerte de lui-même dans les médias.

Enfin, un petit bond dans le temps pour vous signaler, dans une tout autre esthétique musicale, « J'avoue » du rappeur franco-marocain Moha K (de son vrai nom Mohamed Kaid). Je ne suis pas certain que ce texte soit publié un jour dans la collection « La Pléiade », mais il a le mérite d'être le reflet d'une certaine façon d'exprimer ses sentiments dans le milieu du rap et de la musique urbaine. Le clip de ce titre totalise à ce jour près de trois millions de vues… J'avoue que c'est assez bluffant.

B

BAISER

Quitte à faire des déçus, nous ne traiterons ici que du nom masculin. Nous laisserons la définition du verbe à quelques dictionnaires plus spécialisés sur la question.

Du chaste bisou au baiser fougueux et passionné, avec ou sans roulement de tambour ou de langues, la chanson a été de tout temps propice à tous types d'embrassades.

Chez Alain Souchon (« Le Baiser »), la chose prend des allures de désillusion. Comme souvent dans l'univers fragile et poétique du chanteur, le héros est un formidable loser. Après lui avoir offert ses lèvres sur une plage du nord de la France, la belle inconnue repart aussi vite qu'elle était venue dans la jolie voiture de son mari. Déception et frustration, c'est tristement beau comme du Souchon.

Chez Enrico Macias, le baiser se voudrait pardon, voire grand pardon. Dans « On s'embrasse et on oublie », il prend même des allures d'ardoise magique. Infidélité, querelles d'argent, trahison amicale, Enrico a sa solution : l'amnésie buccale. Un bon gros bisou et on passe à autre chose…

Le baiser peut aussi se faire addiction. Ainsi « Plus je t'embrasse », adaptation française des années 1950 d'une chanson américaine (« Heart of My Heart ») de 1924. Le doux refrain, « Plus je t'embrasse, plus j'aime t'embrasser », chanté par les célèbres Sœurs

Étienne, a d'ailleurs connu une nouvelle vie dans une récente version plus jazzy signée Thomas Dutronc.

Du côté des Antilles, le baiser en chanson se fait lot de consolation. Ainsi le « Ba moin en tibo » créé en 1931 en Martinique et popularisé en France quelque trente ans plus tard par le Guadeloupéen Gérard La Viny. Point besoin d'un doctorat de créole pour comprendre les paroles : donne-moi un petit baiser, deux petits baisers, trois petits baisers, doudou... pour soulager mon cœur.

Enfin, retour en 1977 avec le « Big Bisou » de Carlos. Plus qu'une chanson, une invitation à retrouver le plaisir de se toucher. De retour des États-Unis, Sylvie Vartan est catastrophée. Là-bas, le disco est en train de faire des ravages. Sur les pistes de danse, chacun se trémousse dans son coin et plus personne ne se touche. Il faut absolument réagir ! Aidé par le talent de ses complices Claude Lemesle et Joe Dassin, Carlos enregistre alors une espèce de « Jacques a dit » de la sensualité. Une chanson alibi, où dans chaque nouveau refrain l'artiste invite les danseurs à s'embrasser à de nouveaux endroits de leur anatomie. On part prudemment de la main pour en arriver... là où on veut. Si l'on en juge par le succès remporté par cette drôle de chanson, il dut y avoir cette année-là en France de nombreuses lèvres gercées.

CHEVEUX

Les cheveux étant un attribut notable de la séduction, il n'est pas étonnant de les retrouver non pas mis en plis, mais en musique dans des refrains d'amour.

En mai 1969, une comédie musicale venue de Broadway décoiffe à Paris le paysage musical hexagonal. Au théâtre de la Porte-Saint-Martin, *Hair* (cheveux en anglais) met en scène et en couleurs les aspirations bouillonnantes d'une jeunesse qui ne veut surtout pas ressembler à ses parents. Message antimilitariste (nous sommes en pleine guerre du Vietnam), pulvérisation de tous les codes moraux, sexualité débridée et même scènes de nu (Claude joué par Julien Clerc se retrouvant dans le plus simple appareil)… ce spectacle est suffisamment innovant et provocant pour se voir autant encensé qu'enterré. Pour l'anecdote, il fallut toute l'insistance de Charley Marouani, son impresario, pour que Julien Clerc et son abondante chevelure acceptent d'intégrer cette joyeuse troupe. Il incarnait à merveille le héros romantique post-soixante-huitard et on ne pouvait trouver meilleur interprète pour porter ce premier rôle. Adaptée en français par Jacques Lanzmann, cette comédie musicale va offrir aux radios un nombre conséquent de tubes. Sur fond d'amour et de partage (ambiance « on est tous frères passe-moi ta sœur »), certaines chansons telles que « Laissons entrer le soleil », « Aquarius » ou « Sodomie » ont gardé cinquante ans plus tard non pas le charme d'un cliché sépia, mais plutôt celui d'une photo aveuglante de couleurs. Beaucoup plus sage, infiniment plus prude, l'Italo-Belge Salvatore Adamo enregistrait trois ans plus tôt « Une mèche de cheveux ». Des milliers de jeunes filles en fleurs se sont pâmées devant un Salvatore beau gosse et bien coiffé, en rêvant de lui offrir une mèche de leur chevelure. Pratique aujourd'hui tombée en désuétude mais très en vogue dans les années 1960, les amoureux s'offraient en cadeau et en gage de leur réciproque affection un échantillon capillaire. Celui que Jacques Brel avait surnommé « le tendre jardinier de l'amour » signe là une jolie ballade empreinte de mélancolie amoureuse. Sans transition, sauf tirée par les cheveux, Georges Brassens, en 1964, chante dans « La Tondue » le sort de ces pauvres femmes à qui l'on a coupé beaucoup plus qu'une mèche à la Libération. Humiliation publique, on a rasé gratis plus de vingt mille malheureuses convaincues de collaboration horizontale. Plus prosaïquement, celles qui avaient couché avec les Allemands pendant l'Occupation. Dans cette œuvre bouleversante d'humanité, le poète s'indigne contre ce traitement barbare réservé aux seules femmes : « On les tondait pas, les mecs qui s'étaient tapé des Allemandes. C'était très mal vu de coucher avec un Allemand, mais c'était très bien vu de coucher avec une Allemande. » Pour consoler ces suppliciées, l'artiste décide, dans sa chanson, de porter comme une décoration une mèche de leurs cheveux à la boutonnière de son veston. Enfin, retour dans les années 1980 avec « Les brunes comptent pas pour des prunes » interprétée par Lio. Le texte signé Jacques Duvall (sur une musique de Marc Moulin) sonne comme une revanche contre les sempiternelles icônes blondes. Marilyn vacille sur son piédestal. Les hommes préfèrent les blondes... mais pas que.

En conclusion, qu'importe la couleur ou l'épaisseur, cheveux et amoureux, deux mots « qui vont très bien ensemble », n'ont pas fini de rimer. Comme l'exprimait si bien Michel Sardou dans « La Maladie d'amour » en 1973 : « Elle chante, elle chante, la rivière insolente qui unit dans son lit, les cheveux blonds, les cheveux gris. »

CIGARETTE

Fumer peut tuer mais ne nuit pas forcément au succès. Les exemples de chansons d'amour ayant mis en scène les volutes des cigarettes sont légion. Et même des cigares. On a tous le souvenir d'un Gainsbourg aviné chantant en duo « Dieu est un fumeur de havanes » en tripotant sur le plateau de l'émission Champs-Élysées une Catherine Deneuve au comble de la gêne. Composée en 1980 par l'homme à la tête de chou pour les besoins du film *Je vous aime* de Claude Berri, cette chanson ne fit pas un tabac mais cette séquence, elle, fait encore le bonheur des bêtisiers des fêtes de fin d'année à la télévision.

Quelques années plus tôt, dans la chanson « Nicotine » offerte à sa muse Jane Birkin en 1978, le même Gainsbarre faisait rimer cigarette avec poudre d'escampette : « Il est parti chercher des cigarettes, en fait il est parti », chantait Jane avec son accent craquant. En trois couplets, le portrait affûté d'un fumeur-fugueur.

Pour Sylvie Vartan, « L'amour c'est comme une cigarette ». C'est tout du moins sous ce titre que son parolier Michel Mallory adapte pour elle le tube de Sheena Easton « Morning Train ». L'histoire d'une amoureuse, genre femme au foyer, qui voit partir tous les matins son homme par le train de 9 heures et attend son retour par celui de 17 heures. En résumé, une vie aux allures de train-train quotidien. Mais cette mélodie, comme l'amour et les cigarettes, a quelque chose d'addictif. Sylvie va, par la grâce de son interprétation, lui apporter toute sa sensualité. « L'amour c'est comme une cigarette », enregistrée en 1981, devient cette même année l'un des temps forts du spectacle de l'artiste au Palais des Sports de Paris.

En matière de nicotine, Jacques Higelin, lui, ne donne pas dans la modération. Il chante à qui veut bien l'entendre qu'il est amoureux d'une cigarette.

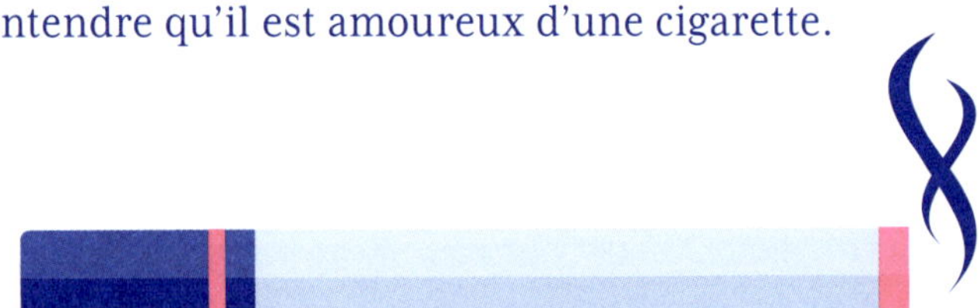

Enregistrée en 1974 sur le désormais mythique album *BBH 75*, cette chanson (« Cigarette ») aurait aujourd'hui toutes les raisons de faire tousser même la plus cool des chiennes de garde. En comparant la clope à une femme, Higelin ne fait pas dans la dentelle. Avec des rimes telles que « Quand du bout de la langue, je la lèche elle tangue » ou « je l'aime bien épaisse roulée comme une papesse », on mesure à quel point le poète est sans filtre.

Enfin, impossible pour moi de vider le cendrier sans évoquer « Ta cigarette après l'amour » interprétée et composée par Charles Dumont sur un texte de Sophie Makhno enregistrée en 1968. En matière de fumée, Dumont se trouve cette année-là en plein brouillard. Depuis le décès de sa chère Édith Piaf (pour qui Charles a composé des chansons éternelles), nombre d'éditeurs et de producteurs lui ont tourné le dos. Il a bien tenté d'enregistrer deux disques mais aucun des deux n'a rencontré son public. C'est en plein désarroi, donc, qu'il rencontre celle qui va le porter jusqu'au succès. Elle s'appelle Sophie Makhno. Directrice artistique dans une maison de disques, elle écrit aussi de fort jolis textes. Dans une sorte de séance de marketing sauvage, elle explique au chanteur comment elle l'imagine sur scène. Selon Makhno, Dumont est un chanteur de charme qui s'ignore. À ses yeux, il a tout pour assumer ce rôle. Le compositeur l'écoute religieusement. Pour clore l'échange, la jeune femme déterminée lui offre un texte qu'il est prié de mettre en musique. Avec « Ta cigarette après l'amour », le regretté Charles Dumont enregistre son premier gros succès comme interprète. Une chanson à laquelle Laurent Gerra, vrai connaisseur de chansons françaises, redonna un petit coup de jeune sur l'antenne d'Europe 1 il y a quelques années.

Sa parodie « Ta cigarette après l'amour, tu pourrais l'éteindre quand je te bourre » était certes un peu moins romantique mais tellement plus drôle...

COMME ILS DISENT

Nous sommes en 1972. Dans les médias en général et dans la chanson en particulier, l'homosexualité est un sujet tabou. Lorsqu'elle est évoquée, c'est souvent de façon grossière et triviale. Il suffit de réécouter « On dit qu'il en est », interprétée par Fernandel, pour comprendre à quel point les homosexuels sont alors moqués et mis au ban de la société.

Avec « Comme ils disent », Charles Aznavour signe un petit bijou de dignité et de tolérance. Lors d'un séjour à Crans-sur-Sierre, alors qu'il cherche comme toujours l'inspiration, l'artiste voit apparaître devant ses yeux, tel un flash, le visage de son décorateur Androuchka. Les bras croisés et la main droite tenant une cigarette à hauteur du menton, il a décidément une façon bien efféminée de fumer. Il n'en faut pas plus à l'artiste pour se lancer dans l'écriture d'une chanson qui va faire date. Point de caricatures type « folles tordues » mais un texte bouleversant. Un manifeste sur la liberté d'aimer et de vivre sa sexualité, quelle qu'elle soit. Dans la France pompidolienne, les mentalités sont encore bien souvent corsetées. Ainsi, chez Barclay, sa maison de disques, lorsque le grand Charles présente sa nouvelle création, un épais silence et quelques toussotements gênés saluent les dernières notes du piano. Puis, enfin, un timide : « Euh… qui va la chanter ? » Et Charles, hilare, de répondre : « Mais moi bien sûr ! »

« Comme ils disent » est depuis classée, comme son interprète, parmi les incontournables de la chanson française.

CORRESPONDANCE

À l'époque où l'on s'écrivait autrement que par SMS, les grandes passions amoureuses ont parfois laissé à l'histoire des correspondances riches en enseignements. Certaines chansons ont, elles aussi, permis à leurs interprètes de faire passer quelques messages en forme de cœur.

On a tout dit et tout écrit sur le couple que formaient Véronique Sanson et Michel Berger. Partie du jour au lendemain retrouver son nouvel amour, Véronique abandonne sans ménagement le compositeur. Berger est l'ombre de lui-même. Chacun de ses mots est souffrance, chacune de ses notes est douloureuse. Alors, lorsqu'il enregistre sa chanson « Seras-tu là ? » en 1975, certains y voient une adresse évidente à Véronique Sanson. D'autres, plus circonspects, affirment que Michel s'est depuis consolé dans les bras de France Gall.

Il n'empêche que l'année suivante, sur la scène de l'Olympia, Sanson crée « Je serai là » dont il est clair qu'elle fait écho à la chanson de son amoureux éconduit.

Il existe aussi des chansons nées d'une correspondance. Ainsi « Ma préférence », écrite par Jean-Loup Dabadie pour Julien Clerc. Pendant des semaines, l'académicien sèche lamentablement sur la mélodie que lui a confiée Julien. Pas un traître mot à se mettre sous la plume. Jusqu'à ce courrier envoyé par son ami Serge Reggiani. Ce dernier lui reproche de le délaisser. De ne plus lui offrir les textes qui ont fait son succès. Peiné, Dabadie se défend en se fendant d'une réponse. Comme pour rassurer Reggiani qu'il sait fragile, il achève sa missive par la formule « mon Serge, en matière d'amitié tu es ma préférence à moi ». Une fois l'enveloppe cachetée, il

réécoute la musique de Julien Clerc et lui écrit « Ma préférence » dans la foulée.

Enfin, plus récemment, en 2006, Renan Luce a fait de « La Lettre » son premier grand succès. Cette missive-là est le fruit de sa seule imagination. À l'origine, enfermé dans son petit studio, Renan encore inconnu cherche l'inspiration. Il a pour projet d'écrire une chanson sur les lettres envoyées par leurs épouses aux soldats partis dans les tranchées, pendant la Première Guerre mondiale. Le sujet certes lui plait, mais l'inspiration se fait capricieuse. Il décide donc de renoncer à cette idée et se lance dans l'histoire d'un homme recevant par erreur une lettre qui ne lui est pas destinée. Son texte, dont on sent qu'il se construit au fil de la plume, se transforme alors en véritable scénario. On entre dans l'intrigue avec d'autant plus de plaisir que cette chanson aux allures de comédie romantique finit en *happy end*... par une belle histoire d'amour.

COULEUR

La couleur, les couleurs tiennent une place importante dans les chansons d'amour. À commencer par « La Vie en rose », écrite par Édith Piaf en 1945. On a souvent vanté les qualités de l'interprète en oubliant les talents de plume de la Môme. Au départ, cette chanson fut offerte par Piaf à une certaine Marianne Michel, en guise de lot de consolation. La star ayant tout simplement « emprunté » le fiancé de la pauvre Marianne, pour s'excuser de son indélicatesse, elle lui offrit cette « Vie en rose » à laquelle elle ne croyait absolument pas.

Quelques mois passèrent et, un soir, les deux chanteuses se recroisèrent. L'imprudente Marianne, qui se produisait dans un modeste cabaret, crut bon d'avouer à Piaf que tous les soirs, sa « chanson cadeau » faisait un véritable tabac.

Intriguée, Édith s'empressa d'aller écouter sa « copine ». Tragique erreur !

Lorsqu'elle s'aperçut de la valeur de son texte, Piaf reprit illico sa chanson et l'enregistra sur-le-champ, trahissant ainsi la malheureuse Marianne pour la seconde fois. Franchement, elle n'est pas belle, la vie… en rose ?

Si, comme l'affirme le peintre Pierre Soulages, « le noir est la couleur d'origine », il fut en 1966 à l'origine de l'un des tubes les plus désespérés de Johnny Hallyday. Quand l'idole enregistre « Noir c'est noir », l'homme est au fond du trou : son dernier disque n'a pas marché, il doit une fortune au fisc et son couple avec Sylvie Vartan bat sérieusement de l'aile. En studio, dans un état second, juste après avoir enregistré ce titre, Johnny tentera de mettre fin à ses jours. On peut difficilement faire plus sombre. Sauvé de justesse, hospitalisé pour suivre une cure de sommeil, il n'entendra pas sa chanson diffusée sur toutes les ondes. Et il ne verra que bien plus tard sa carrière retrouver un peu de couleur grâce à son « Noir c'est noir ».

Enfin, dans toute la palette, le bleu a certainement été la couleur la plus utilisée par les paroliers cherchant à exprimer l'amour. « Plus bleu que le bleu de tes yeux », « bleu, blanc, blond », « chanson bleue »... les exemples ne manquent pas. Mais dans le nuancier, « Les Mots bleus » de Christophe tiennent une place à part. Plus qu'une chanson, cette œuvre va donner à son interprète une nouvelle image et une seconde carrière. Après avoir tant crié Aline pour qu'elle revienne, l'artiste connaît au début des années 1970 une petite traversée du désert. En 1973, Francis Dreyfus, producteur inspiré, a la bonne idée de lui présenter un jeune compositeur féru de musique électronique, auteur à ses heures. Il s'appelle Jean-Michel Jarre. Il n'est pas encore le roi du synthétiseur et n'a pas encore enregistré *Oxygène* (album de musique électronique couronné par un succès mondial) mais il offre avec « ses mots bleus » une vraie bouffée d'air pur et de poésie au dernier des Bevilacqua (le vrai nom du regretté Christophe). À noter enfin qu'après la publication de l'album contenant cette chanson, Jean-Michel Jarre eut le bonheur de recevoir un petit mot de Serge Gainsbourg lui souhaitant la « bienvenue au club ». Une élégante manière de l'introniser dans la cour des grands auteurs.

CULPABILITÉ

Comme le chante Lynda Lemay dans « Culpabilité », « y a rien d'plus vieux qu'la culpabilité ». Et Philippe Chatel de renchérir, dans « Le Sentiment de culpabilité », « que celui qui n'a jamais culpabilisé sur cette terre me jette la première pierre ». Ce sentiment existant depuis la nuit des temps, il est bien normal qu'il ait distillé, au passage, son doux venin dans quelques refrains… d'autant plus s'il s'agit de chansons d'amour. À cet égard, je crois que « Dites-moi », interprétée par Michel Jonasz, est un modèle du genre. Nous sommes en 1974. Bien que ses disques soient diffusés à la radio, Jonasz est toujours un artiste « en développement ». Il n'est pas encore auteur-compositeur de toutes ses chansons et travaille donc en équipe avec des complices tels qu'Alain Goldstein pour la musique ou Franck Thomas pour les paroles. Pourtant, au fond de lui, une petite voix incite Michel à s'exprimer. S'il n'en est encore qu'à ses balbutiements, le clavier, la composition l'attirent de plus en plus. Un soir qu'il dîne chez son parolier, Michel s'étonne que ce dernier (très demandé à l'époque) ne lui ait proposé aucun texte pour son prochain album. Piqué au vif, Franck va s'enfermer dans son bureau et en ressort après un court moment avec un début de texte : « Dites-moi qu'elle est partie pour un autre que moi mais pas à cause de moi. » Ces quelques mots fleurant bon la culpabilité judéo-chrétienne attirent comme un aimant le regard de Michel. Une fois rentré chez lui, le chanteur se met au piano et accouche d'une mélodie. Dès le lendemain matin, au comble de l'excitation, il réveille son auteur qui, dans la journée, achève ses couplets. La chanson « Dites-moi » est née. Ce sera le premier vrai succès de Michel Jonasz. Une chanson traitant de la culpabilité et née de ce sentiment. Si l'artiste n'avait pas, par ses reproches, rendu son parolier un peu coupable, les quelques lignes de ce refrain n'auraient peut-être jamais vu le jour...

Avant de conclure, j'aimerais ouvrir ici une petite page « animalo-culturelle ». Dans les premières phrases de la chanson, on apprend que la dame ici évoquée « mettait des rideaux bleus aux fenêtres de ses yeux » à l'aide « d'un pinceau de poil de martre ». Je ne voudrais surtout pas vous culpabiliser, mais je suis certain que bon nombre d'entre vous ont, tout comme moi, chanté ces paroles sans en comprendre le sens. Pour être remonté à la source (le regretté Franck Thomas), je suis en mesure d'éclairer votre lanterne. Avant d'être auteur, Thomas, tout jeune apprenti dans l'usine Bernardaud à Limoges, peignait des petits filets d'or sur les porcelaines à l'aide d'un pinceau en poil de martre, petit mammifère carnassier très recherché pour la douceur de sa fourrure. Ce souvenir enfoui est revenu sous sa plume enrichir son texte et notre culture générale.

D

DÉCLARATION

C'est normalement l'acte fondateur de toute histoire d'amour. Le moment où tout commence… ou pas !

On doit à Michel Berger l'une des plus belles déclarations d'amour jamais chantées. Et, comble de raffinement, elle est interprétée par celle qu'il vient de rencontrer, une certaine France Gall. Nous sommes alors en 1974 et cette dernière vit ce qu'il est coutume d'appeler une traversée du désert. L'adolescente moquée chantant naïvement « Les Sucettes » de Gainsbourg ou le « Sacré Charlemagne » de son papa parolier Robert a bien grandi. Elle est devenue une jeune femme pleine de charme et de détermination. C'est semble-t-il en écoutant à la radio « Message personnel », que Berger avait écrit et composé pour Françoise Hardy, que France eut l'idée de le contacter en lui demandant de « se pencher sur son cas ». Avouer que, dans un premier temps, le compositeur ne fut pas enthousiaste est un doux euphémisme. Pour lui, la chanteuse faisait partie de toute cette génération d'artistes yéyé que la révolution de Mai 68 avait promptement balayée. Il fallut que France se montre très persuasive pour que, de guerre lasse, Michel finisse par se laisser convaincre. En lui confiant sa « Déclaration d'amour », il offre à celle qui va partager sa vie une véritable résurrection artistique. Comme il l'avait fait avec Françoise Hardy, Berger laisse à France le soin d'écrire toute la partie parlée de sa chanson. Avec des phrases telles que « Je veux des souvenirs avec toi, des images avec toi, des voyages avec toi », ce texte si intime touche à l'universel et devient l'un des gros tubes de l'été 1974.

Autres temps, autres mots. Dans « Mon chéri » enregistrée sur son album *Aya* en novembre 2020, Aya Nakamura déclare sa flamme (olympique ?) à son bien-aimé avec de tout autres images. Grâce à des luisances comme « Je rêve de nous deux en l'air sans parachute », on mesure toute la fougue amoureuse, toute la poésie de la chanteuse. Si la sincérité des sentiments ne saurait être mise en doute, on peut noter toutefois dans le même texte quelques indices laissant entrevoir une certaine vénalité. Ainsi des paroles comme « j'veux Loubou » (entendez par là des chaussures de marque Louboutin), ou « j'veux des sacs » trahissent chez la jeune femme un petit côté femme d'affaires, bien utile certes dans le milieu de la musique urbaine d'aujourd'hui. Souhaitons à Aya qu'avec une telle déclaration d'amour à son « chéri », elle ait trouvé durablement escarpin à son pied.

DÉSAMOUR

Jacques Higelin ne fut pas seulement poète, escogriffe haut en couleur, vêtu de grandes capes, monté sur ressorts, grand amateur de cirque et du fou chantant… Il reste comme l'auteur de l'une des plus belles chansons d'amour… ou plus exactement de désamour.

Son titre : « Je ne peux plus dire je t'aime », enregistrée en 1979 sur l'album *Caviar pour les autres*. Un texte plein de tendresse et de sensibilité où l'auteur fait le constat sincère et poignant de son incapacité à aimer davantage.

Ne demeurent, pour le meilleur, que la tendresse et une affection indélébile.

Il est vrai que dans cette chanson Higelin osait se montrer dans toute sa fragilité. Le pudique rockeur nous offrait la face cachée de son cœur. Loin des guitares saturées de Louis Bertignac (le futur membre de groupe Téléphone fit ses premiers pas sur scène comme guitariste d'Higelin), Jacques ose l'épure d'un piano-voix et ses mots n'en sont que plus touchants.

La version la plus sensible de cette chanson reste à mes yeux celle enregistrée en duo avec Isabelle Adjani en 1982 pour les besoins d'un show télévisé. Au rayon grands frissons, je vous recommande aussi le duo Izia et Arthur H lors de la cérémonie des Victoires de la musique en 2019, chantant cette même chanson pour rendre hommage à leur père. À noter également la sensible reprise de Nolwenn Leroy sur son album *Folk* en 2018. Le propre des grandes chansons étant de traverser le temps, il y a fort à parier que dans les générations futures, d'autres artistes aimeront tenter de s'approprier ce « Je ne peux plus dire je t'aime ».

Enfin, comment évoquer le désamour en chanson sans relire et/ou réécouter l'incontournable « Avec le temps » de Léo Ferré, enregistrée en 1970 ? Ce cri sur la fuite des sentiments et la cruauté du temps qui passe est entré dans le cercle très fermé des tubes incontournables de la chanson française. À noter l'importance jouée par Dalida dans l'exploitation de cette œuvre. Comme elle le fera quelques années plus tard avec le « Je suis malade » de Serge Lama, elle mettra tout son talent d'interprète populaire pour porter cette chanson sur les fonts baptismaux et la faire connaître d'un plus vaste public.

Plus les années passent et moins cette chanson peut laisser indifférent. À chaque époque, à chaque anniversaire, on peut y découvrir entre les lignes de nouvelles interprétations. J'ai souvent lu que, avec le temps, Léo Ferré était « fatigué » par le poids que cette chanson faisait peser sur l'ensemble de son œuvre. Que certains soirs, notamment à la fin de sa carrière, il aurait été jusqu'à « brocarder » le public qui ne venait, selon lui, le voir en concert que pour entendre son « tube ».

Qu'importe... Avec le temps, « Avec le temps » n'a pas pris une ride.

DÉSIR

Le désir est communément considéré comme un élément de l'amour. Et rares sont les histoires d'amour pérennes lorsque le désir a totalement déserté le couple… À ce jour, j'ignore si Alain Souchon s'est beaucoup documenté sur la question avant d'écrire son « Désir, désir » interprété en duo par Véronique Jannot et Laurent Voulzy. Ce qui est avéré, c'est qu'à l'époque Laurent mourait de désir pour la séduisante Véronique. Sur le plateau d'une émission de télévision, une fois l'enregistrement achevé, il était même allé jusqu'à lui déclarer sa flamme par le biais d'un

petit billet doux glissé sous la porte de sa loge. Cette première tentative était restée sans lendemain. Mais Cupidon n'avait pas dit son dernier mot. Quelques semaines plus tard, autre plateau de télévision et retrouvailles entre les deux artistes. Passé un ou deux fous rires gênés, Véro demande à Lolo s'il n'aurait pas envie de lui écrire quelque chose... Voulzy ne se fait pas prier et rappelle dans la foulée la comédienne pour lui faire écouter une ébauche bien avancée de « Désir, désir ». Alain Souchon n'a pas eu à trop se creuser la tête pour trouver l'inspiration. Ce texte en forme de charade fait écho à l'état fébrile dans lequel se trouve son ami. Et le message envoyé à Véronique Jannot ne saurait être plus limpide. Ce désir réciproque se transforme donc pour les deux artistes en une belle idylle et en un joli succès de l'année 1984.

Question désir, vingt ans plus tôt, Michel Polnareff n'avait pas fait dans la dentelle. Affirmer en 1966 « je me fous de la société et de sa prétendue moralité/J'aimerais simplement faire l'amour avec toi » était plutôt courageux. L'expression sans faux-semblant d'un désir sans peur et sans reproche. Cette franchise ne fut pas du goût de tout le monde. Et encore moins des dirigeants de la radio d'État qui interdirent de diffusion « L'Amour avec toi » avant 22 heures. Comme souvent la censure ne fit que renforcer la curiosité du public pour cette chanson qui devint une incontournable du répertoire de l'artiste.

DIEU

Les chansons d'amour n'ont jamais été avares de références au divin et ce, quelle que soit la religion de leurs interprètes.

Du simple constat désabusé de Daniel Balavoine (« Dieu que l'amour est triste ») jusqu'à le prendre à témoin de ses émois intimes (« Mon Dieu que j'l'aime » de William Sheller), les paroliers ont bien souvent trempé, le temps de quelques rimes, leur plume dans l'eau bénite. Mais celle qui l'a certainement le plus célébré est Édith Piaf. La Môme n'a jamais fait mystère de sa foi. Jusqu'à enregistrer une chanson aux allures de prière, tout entière dédiée au Tout-Puissant.

Nous sommes en 1961. Michel Vaucaire et Charles Dumont viennent d'offrir « Je ne regrette rien » à la dame en noir. Beaucoup plus qu'une chanson, cette œuvre prend pour son interprète à la santé fragile des allures de résurrection. Alors, tout naturellement, Piaf exige du duo un autre miracle. Dumont se met au piano et lui montre une chanson qui, pour le coup, n'a rien de divin. « Toulon, Le Havre, Anvers » (c'est son titre) vante la beauté des villes portuaires. Si la chanteuse est tout de suite séduite par la mélodie du compositeur, elle trouve les paroles de Vaucaire affligeantes. Et elle appelle en pleine nuit le malheureux parolier pour lui signifier son mécontentement. La conversation prend des allures d'ultimatum. Il a jusqu'au lendemain 17 heures pour revoir sa copie. Faute de quoi la star demandera à un autre auteur de lui prêter sa plume. La suite de l'histoire, telle que me l'a racontée Charles Dumont, vaut le détour : arraché brutalement aux bras de Morphée, le stylo sous la gorge, l'auteur en pyjama se met à tourner en rond dans son appartement. Ne sachant plus à quel saint se vouer, il s'en remet au patron : « Mon Dieu, qu'est-ce que je vais lui écrire, mon Dieu qu'est-ce que je vais lui écrire », pour, au petit matin, épuisé, mais enfin touché par la grâce, se résoudre à lui écrire « Mon Dieu ».

DUO

Pour faire l'amour, il faut être (au moins) deux. Pour le chanter, pas forcément. Mais lorsqu'un couple, à la ville comme à la scène, chante l'amour en duo, le public et la presse people sont aux anges.

Stone et Charden ont incarné le couple idéal des années 1970. Tellement parfait que Pierre Messmer, Premier ministre de Georges Pompidou, les sollicita pour une affiche électorale. Ce que les deux tourtereaux refusèrent, poliment mais fermement. Leur refrain « l'avventura c'est la vie que je mène avec toi » déclinait « l'amour toujours » même quand leur union commençait à battre de l'aile. Dix ans plus tard, un autre couple allait gravir le sommet du Top 50. Peter et Sloane, grâce à leur chanson « Besoin de rien, envie de toi », furent même les premiers numéro 1 de ce tout nouveau classement créé à l'initiative de Pierre Lescure et Philippe Gildas sur Canal+ et Europe 1. Pour en finir avec les hit-parades de complaisance, ces deux grands hommes de médias eurent l'idée de mettre en place un outil reflétant la réalité des ventes de disques en magasins. Et contre toute attente, la chanson archi-populaire de Peter et Sloane, boudée par toute une intelligentsia parisienne, demeura à la première place du Top des 45 tours, durant quatorze semaines consécutives. Le plus amusant est que cette chanson conçue en une heure n'était à l'origine destinée qu'à être une malheureuse face B...

Chaque décennie a connu son duo vedette. Le plus récent, Vitaa et Slimane, chante une affection plus fraternelle que charnelle. Cet « amour-amitié » fait également recette si l'on en juge par le succès remporté auprès des moins de vingt ans.

Les duos masculins ont aussi connu leur heure de gloire en chantant l'amour. Ainsi Didier Barbelivien et Félix Gray. En cette année 1990, les deux amis n'ont pas le moral. Un soir qu'ils dînent ensemble, le vin coule à flots et les langues se délient : « Toi, ça ne marche pas. Moi, ça ne marche pas. C'est nul, nous ne vendons plus, il ne nous reste plus qu'à chanter ensemble ! » Forts de cette conclusion bien arrosée, les deux complices se mettent en quête d'un « truc à chanter ensemble ». Sans se démonter, Didier Barbelivien s'inspire du tube « To All the Girls I've Loved Before » interprété par Willie Nelson et Julio Iglesias. « À toutes les filles que j'ai aimées avant » ne remporte pas, tant s'en faut, tous les suffrages lors de sa sortie. Aucune radio ne diffuse le titre. Pour les besoins d'une émission de télévision, les deux chanteurs décident de jouer le tout pour le tout, en tenue de crooner : smoking et nœud papillon. Leur charme opère à merveille. Quelques années plus tard, Didier Barbelivien, auteur de talent, offrira à un autre duo masculin une superbe chanson empreinte d'amour filial : « La Rivière de notre enfance », interprétée par Michel Sardou et Garou. Le même Garou, le temps d'un duo unique avec Céline Dion, enregistre en 2002 « Sous le vent », une chanson signée Jacques Veneruso. Pour l'anecdote, ce titre avait été présenté à Florent Pagny et Roch Voisine qui ne l'avaient finalement pas retenu. On n'ose imaginer combien l'auteur a dû, a posteriori, les remercier de ne pas l'avoir enregistré. Être chanté par Céline Dion, ce n'est pas mal non plus…

Enfin, au rayon des duos éphémères, à moins d'avoir pris ses vacances sur la planète Mars, impossible d'être passé à côté de « Mais je t'aime », le tube de l'été 2020 chanté par Camille Lellouche et Grand Corps Malade. Une chanson déchirante restée plusieurs années dans les tiroirs de son auteure. À l'époque, Camille Lellouche rêve de chanter mais connaît le succès comme humoriste. Ses compositions, souvent bouleversantes car inspirées d'histoires d'amour violentes et malheureuses, elle les garde pour elle et son cercle d'amis. Parmi lesquels Fabien Marsaud, plus connu sous le pseudonyme de Grand Corps Malade. À lui, au piano, elle joue son « Mais je t'aime » inachevé. Le temps pour Fabien de lui prêter sa plume et sa voix et la chanson est couronnée d'un grand succès populaire suivi d'une Victoire de la musique (Victoire de la chanson originale), en février 2021.

£

ÉLISA

On a tous dans l'oreille ce refrain de Serge Gainsbourg invitant une certaine Élisa, de vingt ans sa cadette, à venir lui prodiguer des soins capillaires en le débarrassant, au passage, de quelques poux indésirables.

En revanche, on ignore souvent que cette mélodie a vécu une première existence avant de devenir la chanson que l'on connaît.

En 1967, Jacques Rouffio fait appel à Gainsbourg pour composer la bande originale de son film *L'Horizon*, adapté d'un roman de Georges Conchon. Selon une méthode bien éprouvée, l'artiste sollicite son vieux complice Michel Colombier, et c'est à quatre mains qu'ils se mettent au travail. Parmi tous les thèmes retenus par le réalisateur, un joli instrumental intitulé « Élisa », du nom du personnage interprété par Macha Méril dans le film. Cette mélodie plaît tellement à Serge qu'il décide pour son album suivant d'y coller un texte et d'en faire, l'année suivante, l'un des grands succès de l'année 1968.

Mais l'histoire ne s'arrête pas là. Quatre ans plus tard, Serge, décidément très demandé, se voit confier l'écriture de la nouvelle revue de Zizi Jeanmaire au Casino de Paris. Mise en scène par Roland Petit, la première a lieu le 14 février 1972. Pour ce spectacle, Gainsbourg a écrit huit nouveaux titres... dont une nouvelle et étonnante version d'« Élisa » !

Son héroïne est devenue pour l'occasion une femme à soldats durant la Première Guerre mondiale. Sur le quai d'une gare, Zizi Jeanmaire interprète sa chanson pour donner du courage à tous ces jeunes appelés qui partent risquer leur vie au front.

Les cheveux et les poux d'origine ont donc laissé place aux Poilus.

Rien de très étonnant pour un Gainsbourg à la pilosité développée mais qui a toujours pris soin de ne jamais se raser de près.

ENFANT (L')

C'est la suite logique d'une grande histoire d'amour. Et ce désir d'enfant peut être l'occasion d'un nouvel engagement avec l'être aimé. Quelle plus belle déclaration que celle faite par Axelle Red (sur une musique de Daniel Seff), dans « Parce que c'est toi » : « Parce que c'est toi, j'voudrais un jour un enfant, et non pas parce que c'est le moment » ? Passé ce désir, lorsque les travaux pratiques ont porté leurs fruits, l'amour de sa vie se retrouve enceinte. L'occasion pour Renaud de nous offrir en 1983, avec « En cloque » l'une des plus belles chansons d'amour écrites sur le sujet. Et sur la difficulté de n'être qu'un spectateur passif durant les neuf mois d'attente. La conclusion, « Même si j'devenais pédé comme un phoque, moi j's'rai jamais en cloque », donne toute la dimension poétique de son auteur. Sur le sujet de la paternité, Renaud nous gratifiera, deux ans plus tard, d'une autre pépite avec « Mistral gagnant ». Une chanson née dans un studio, aux États-Unis, lors d'une pause entre deux séances d'enregistrement. Peu convaincu par ce nouveau texte, l'artiste est prêt à le jeter à la poubelle. Heureusement, Dominique, son épouse restée à Paris, a la bonne idée de lui téléphoner. Lorsque Renaud lui lit sa prose, elle ne lui laisse pas le choix : ou il enregistre sur-le-champ cette nouvelle chanson, ou elle le quitte… Surpris par tant d'emballement, le chanteur s'exécute et dédie à sa fille Lola un petit bijou d'amour et de tendresse.

Mais l'enfant que l'on aime n'est pas forcément notre enfant biologique. Une belle histoire peut nous amener à aimer l'enfant né d'une précédente union. C'est ce thème, très original pour l'époque, que traitait Serge Lama en 1973 dans sa chanson « L'Enfant d'un autre » : « Elle est partie sans moi, je reste seul sans elle et sans cet enfant de trois ans dont je ne suis même pas le père. » Au chagrin de la séparation amoureuse s'ajoute celui de la perte de ce lien affectif ressemblant fort à une paternité de substitution. Cinquante ans plus tard, cette même « belle-parentalité » sera chantée par Vianney dans « Beau-papa », enregistrée en 2020 sur l'album *N'attendons pas*. L'artiste se livre et nous fait partager son bonheur et les joies d'une famille recomposée. Enfin, et sans vouloir plomber l'ambiance, je ne peux finir cette évocation de l'enfant dans la chanson d'amour sans mentionner « Un enfant de toi » écrite et interprétée par Phil Barney en 1987. Les paroles de ce grand succès sont d'une tristesse à faire sangloter les pierres. Une femme meurt en donnant la vie. Il reste à son amoureux ses yeux pour pleurer et ce nouveau-né qu'il va devoir élever tout seul ! Cette chanson n'avait a priori rien d'un tube de l'été, et pourtant des milliers de couples ont dansé tendrement dessus, en se promettant même peut-être un jour de se reproduire... À se demander s'ils avaient vraiment écouté les paroles...

ENVIE

L'amour n'est pas qu'une question de désir physique. Pour qu'il s'inscrive dans le temps, l'envie, si possible réciproque, doit être au rendez-vous.

L'envie de l'autre bien sûr mais avant tout l'envie d'aimer son prochain.

En convoquant la Bible, Moïse, tous les Hébreux et tous les Égyptiens, Pascal Obispo, Lionel Florence et Patrice Guirao ont écrit avec « L'Envie d'aimer » un véritable hymne à l'amour du XXIe siècle. À l'origine, Obispo avait composé cette mélodie pour un dessin animé de Disney.

Un projet resté sans lendemain.

Cherchant l'inspiration pour la comédie musicale *Les Dix Commandements*, il exhume sa composition du tiroir où elle dormait. Le temps pour Florence et Guirao d'écrire quelques paroles et le miracle opère. En studio, lorsque Daniel Lévi pose sa voix sur ce titre, si la mer Rouge ne s'ouvre pas, les réservations, elles, décollent.

Seul petit souci : Lévi, juif pratiquant, n'a pas du tout envie d'aller chanter le jour de shabbat. Malgré toutes les supplications de la production, le samedi, Moïse (incarné par Daniel dans le spectacle) tient à respecter les dix commandements. Le Tout-Puissant lui en sera reconnaissant. Grâce à cette chanson et à son immense talent, le regretté Daniel Lévi est entré de plain-pied dans le cœur de millions de Français.

Il peut arriver qu'en chanson, l'envie se fasse hésitante voire capricieuse. Ainsi dans l'unique tube du jazzman Marcel Zanini « Tu veux ou tu veux pas ».

Sorte de Groucho Marx de la clarinette, Marcel aurait pu rester un talentueux musicien d'orchestre s'il n'avait écouté un jour la chanson brésilienne « Nem vem que nao tem » interprétée par Wilson Simonal. Adaptée en français par le parolier Pierre Cour en « Tu veux ou tu veux pas », la chose est refusée catégoriquement par Guy Marchand et Eddy Mitchell. Eddie Barclay la propose alors à son copain Zanini. Avec son éternel petit chapeau vissé sur le crâne et ses quarante-sept ans révolus, il a une dégaine amusante. Après quelques passages à la télévision, la chanson se fait plébiscite. Manifestement, le public veut de ce drôle de petit bonhomme au look original. À la question « Tu veux ou tu veux pas », et ce, malgré les critiques acerbes des puristes du jazz, le regretté Marcel n'exprimait aucun regret à l'idée d'avoir, le temps d'un tube, fait une incursion payante dans le monde des variétés.

ÉRECTION

Certains chastes esprits s'offusqueront peut-être de trouver une telle entrée dans un dictionnaire ayant pour thème les chansons d'amour. À ces grincheux, nous rétorquerons deux choses.

La première, que notre petit dico met un point d'honneur à tenir sa promesse d'être jubilatoire, et la seconde, qu'érection et chanson ont souvent rimé avec bonheur. Dans l'album *Play blessures* enregistré en 1982, Bashung demande à Gainsbourg de lui prêter main-forte pour un « Trompé d'érection » qui vaut le détour.

Tout aussi imagé, le Pinocchio de Pierre Perret dans sa chanson « C'est l'printemps » voyant « qu'sa bébête s'allonge autant qu'son pifomètre ».

Mais celui qui, sans conteste, a fait pénétrer l'érection dans le patrimoine de la chanson est Georges Brassens. Avec « Fernande » enregistrée en 1972, il signe un véritable manifeste. Imaginez, dans la frilosité de la France pompidolienne, reprendre gaillardement « Je bande, je bande » avec un plaisir non dissimulé, il fallait l'oser.

Pour l'anecdote, l'idée de « Fernande » serait venue à Georges au volant, sur la route de Paimpol, en direction du magasin de sport d'un ami, à qui tout content il chanta en arrivant son nouveau refrain. La légende veut qu'une cliente essayant des chaussures en eut ainsi la primeur.

L'histoire ne dit pas si elle se prénommait Fernande…

ET MAINTENANT

C'est bien connu, le malheur des uns fait le bonheur des autres.

En cette veille de long week-end, Gilbert Bécaud s'envole pour la Côte d'Azur. Assise à ses côtés dans l'avion, la ravissante actrice Elga Andersen. Toute joyeuse, elle avoue à Gilbert son bonheur d'aller retrouver son fiancé pour quelques jours de vacances.

Lundi matin, les mêmes se retrouvent dans le vol retour. L'ambiance n'est plus du tout la même. L'escapade amoureuse d'Elga a viré au cauchemar. Son beau fiancé n'a en rien répondu à ses attentes. Et son radieux sourire a laissé place aux chutes du Niagara. La comédienne est inconsolable. Entre deux sanglots, elle hoquette quelque chose comme « et maintenant qu'est-ce que je vais faire, et maintenant qu'est-ce que je vais faire... ». Bécaud, lui, ne sait pas quoi faire pour la réconforter. Rentré chez lui, il se met au piano et compose une musique avec pour début de paroles le « et maintenant qu'est-ce que je vais faire » de la malheureuse. Puis il appelle à l'aide son parolier Pierre Delanoë. Le temps pour ce dernier de finir le texte et de reformuler le chagrin d'Elga en un « et maintenant que vais-je faire » plus conforme à un français châtié, et cette chanson enregistrée en 1962 restera comme l'un des monuments du répertoire de Gilbert Bécaud.

EUX (D')

L'album *D'eux* sorti le 28 mars 1995 est le quinzième enregistré par Céline Dion. Entièrement écrit, composé et réalisé par Jean-Jacques Goldman, ce disque est entré dans l'histoire à plusieurs titres. Avec, à ce jour, plus de dix millions d'exemplaires, il est considéré comme l'album francophone le plus vendu dans le monde de toute l'histoire de la musique. C'est pour Céline Dion un virage artistique à cent quatre-vingts degrés. Dans son interprétation, l'artiste ne cherche plus à tout prix la performance vocale. Elle laisse en priorité parler son émotion. Enfermée au Studio Hauts de Gamme en banlieue parisienne, avec une totale humilité, elle découvre les titres offerts par Jean-Jacques et se laisse guider par son nouveau mentor, comme une débutante, accompagnée d'une seule guitare. À la console, Thierry Blanchard, ingénieur du son et réalisateur encore débutant, se souviendra de ce moment comme d'un instant magique. Céline ira jusqu'à déclarer que grâce à Goldman, elle a appris à « déchanter ». Enfin, dans toutes les chansons proposées par Jean-Jacques (la majorité a pour thème l'amour), la star se voit comme dans un miroir et n'hésite pas à se mettre en danger, en assumant le rôle de l'amoureuse fragile prête à tout pour garder son homme. Ainsi dans le clip de « Pour que tu m'aimes encore » réalisé par Michel Meyer, on voit la star méconnaissable, décoiffée, avancer dans la nuit, pieds nus, visiblement en état de souffrance. Cette incarnation de la douleur va toucher le public en plein cœur. Toutes celles et tous ceux qui ont dû se battre pour préserver leur bonheur vont se reconnaître dans son interprétation. « Pour que tu m'aimes encore », premier extrait de l'album *D'eux*, a rejoint le club très fermé des chansons françaises ayant fait le tour du monde.

F

FAUTES (DE FRANÇAIS)

Chansons d'amour et fautes de français peuvent parfois faire bon ménage. Quelques exemples qui ne sauraient remettre en cause le talent de leurs auteurs :

En 1973, dans la chanson « J'ai un problème » interprétée en duo par Sylvie Vartan et Johnny Hallyday, le parolier Michel Mallory écrivait : « J'ai un problème, j'ai bien peur que je t'aime. » Moi j'ai bien peur qu'un infinitif soit plus approprié. « J'ai un problème, j'ai bien peur de t'aimer » eût été beaucoup plus correct ! Toujours dans les années 1970, Véronique Sanson nous ravissait avec sa « Chanson pour une drôle de vie ». Dans son texte, elle affirmait : « J'ai des idées plein la tête et je fais ce que j'ai envie. » Le papa de Véro, très à cheval sur le bon usage de la langue, une fois le disque enregistré, bondit sur la faute : « Et je fais ce dont j'ai envie » aurait été plus français... Cela n'a heureusement pas empêché cette chanson de remporter le succès qu'elle méritait. Enfin, dans « Le Cœur grenadine », écrite par Alain Souchon pour son complice Laurent Voulzy, l'auteur évoque « une planisphère, entre Capricorne et Cancer ». Après vérification et jusqu'à nouvel avis, planisphère est un nom masculin. Lorsque l'on connaît le talent de Souchon, il ne peut s'agir que d'une licence poétique...

FELLATION

Voir Sucettes

FLIRT

Comme l'œuvre de Vivaldi, la chanson d'amour connaît, elle aussi, ses quatre saisons. La première étant sans conteste celle de la découverte, des prémices et du flirt. Selon les époques, celui-ci peut être plus ou moins poussé, mais jamais il n'est question de passage à l'acte.

Nous en sommes d'ailleurs bien loin avec le « Premier baiser » osé par Emmanuelle en 1986. Cette artiste propose là un slow rétro qui fleure bon les années 1960.

C'est désuet et naïf à souhait. Produite par la même équipe que Dorothée (c'est d'ailleurs Emmanuelle qui fait la voix de robot dans sa chanson « Allo, allo, monsieur l'ordinateur »), elle vend plus de sept cent mille exemplaires de sa bluette dont la version instrumentale deviendra quelques années plus tard le générique du très populaire feuilleton *Premiers baisers* sur TF1. Malheureusement ce « Premier baiser » restera son dernier. Après plusieurs tentatives avortées avec des chansons beaucoup plus adultes voire sulfureuses, Emmanuelle (de son vrai nom Emmanuelle Mottaz) nous quitte à l'âge de cinquante-neuf ans en mars 2023.

Enregistré en 1987 dans son album *Fabriqué*, le « Flirt » de Marc Lavoine est beaucoup plus chaud et ambigu. Plus question de chastes bisous. On sent bien que l'auteur n'en restera pas là. Ce flirt susurré, tout en second degré, n'est qu'une rampe de lancement pour le septième ciel assuré.

Mais sur le sujet, la chanson de référence reste le « Pour un flirt » de Michel Delpech.

À noter que ce mot considéré souvent comme d'origine anglaise est bien de chez nous. Il serait dérivé de l'expression « conter fleurette » et il existait en vieux français, au XVe siècle le verbe « fleureter » en référence à l'effeuillage d'une fleur.

Je ne suis pas certain que Michel Delpech et son complice compositeur Roland Vincent aient eu connaissances de ces détails étymologiques lorsqu'ils écrivirent en toute hâte leur chanson. Destiné au printemps 1971 à n'être que la face B du titre « Le Blé en herbe », ce titre fut finalisé et enregistré en un temps record.

Personne, à commencer par le chanteur lui-même, n'aurait misé un kopeck sur cette œuvre. Et pourtant, très vite les programmateurs de radio retournèrent le 45 tours vinyle, faisant de « Pour un flirt » le tube de l'été 1971. Une chanson légère et enjouée, s'inscrivant à contre-courant de refrains beaucoup plus explicites et crus, miroirs de la libération sexuelle de l'époque.

FRANÇOIS (CLAUDE, FRÉDÉRIC ET JEAN-PIERRE)

Ils sont nombreux, les artistes répondant au patronyme (ou pseudonyme) de François à avoir chanté l'amour. Premier par ordre d'entrée en scène, le sautillant Claude. Dans son répertoire, les amours sont souvent malheureuses. Du « Mal-aimé » au « Chanteur malheureux » en passant par « Le téléphone pleure », on ne peut pas dire que le chanteur se soit donné le rôle de l'amant triomphant. Bien au contraire. Stratégie commerciale ou expression d'un véritable et profond mal-être ? Nul aujourd'hui ne peut le dire. Cloclo a emporté les tourments et les secrets de son cœur.

Il nous reste les yeux – et ses chansons – pour pleurer…

Chez Frédéric François (de son état civil Francesco Barracato), l'amour est une obsession. Rares sont les titres de ses chansons où le verbe « aimer » n'est pas conjugué. À tous les temps et à tous les modes. Des modes que cet artiste d'origine sicilienne a su traverser avec bonheur. On peut même affirmer qu'il est le seul rescapé de la génération dite des « chanteurs à minettes » datant du début des années 1970. Et comme l'amour conserve, l'inoxydable Fredo continue à plus de soixante-dix printemps à prêcher l'amour avec toujours autant de conviction, devant des salles toujours aussi remplies.

Pour avoir eu le bonheur de coécrire avec lui quelque quatre-vingts chansons à ce jour, je dois avouer que ses refrains d'apparence si simple sont loin d'être les plus faciles à trousser. Il faut sans cesse se renouveler dans l'art de faire rimer amour avec toujours. Sans cesse trouver de nouveaux angles alors que les positions, même les plus acrobatiques du *Kamasutra*, sont limitées.

Enfin, dans la famille François, Jean-Pierre a connu la carrière la plus éphémère. Cet ancien footballeur professionnel a pourtant enregistré l'un des plus gros tubes des années 1980. Fortement « inspiré » par le « I Will Survive » de Gloria Gaynor, il n'a malheureusement pas survécu au « Je te survivrai » de Didier Barbelivien.

G

GOLDMAN (JEAN-JACQUES)

On a tout dit et tout écrit sur la personnalité préférée des Français. Son talent n'est plus à vanter et nombre de ses refrains font partie intégrante de nos vies.

Si nous avons choisi de lui consacrer une entrée dans un dictionnaire consacré aux choses de l'amour, c'est que par deux fois il a réussi à le chanter… comme personne.

Premier exploit, accoucher d'un texte en forme de déclaration, sans jamais prononcer les mots « je t'aime ». Alors que d'autres artistes en ont usé et abusé, Goldman explique en quoi ces trois mots sont galvaudés et dévoyés. Et donc pourquoi il ne les utilisera pas. À l'arrivée, sans jamais les prononcer, il signe avec « Sache que je », en 1997, l'une des plus belles chansons d'amour jamais écrites. Second fait d'armes, avoir consacré une chanson lucide à tous ces sentiments qui ne sont pas, ou plus, de l'amour. Quand d'autres paroliers se sont ingéniés à lister tous les petits émois censés traduire un trouble amoureux, Goldman, lui, dresse dans « C'est pas d'l'amour », en 1990, le portrait sans complaisance d'un sentiment délavé par le poids des années. Constat froid, douloureux mais honnête. Comme du Goldman. Tant d'années après qu'il s'est arrêté de chanter, c'est peut-être pour la force de ce genre de propos que le public continue à l'aimer autant.

H

HOMME (MON)

On le sait, une chanson est un parfait miroir de son époque. Celle-ci, créée par Mistinguett en 1920, serait tout simplement inaudible aujourd'hui. Avec des paroles signées Albert Willemetz et Jacques Charles telles que « Il me fout des coups, il me prend mes sous, mais malgré tout, que voulez-vous, quand sur moi ses yeux se posent ça me rend toute chose », on n'ose imaginer la réaction des féministes actuelles. Et pourtant ces doux mots d'amour ont, en leur temps, transpercé le cœur de millions de gens. Il faut rappeler qu'à l'origine un premier texte avait été proposé. C'était ni plus ni moins une recette de cuisine. La Miss n'aurait pas du tout goûté cette première mouture. Dans une colère folle, elle somma ses deux auteurs de revoir au plus vite leur copie. En conservant la même musique composée par Maurice Yvain, les deux malheureux remirent l'ouvrage sur le métier.

Inspirés semble-t-il par la passion amoureuse que la star entretenait alors avec Maurice Chevalier, ils accouchèrent de la version que l'on connaît. Mistinguett l'adopta immédiatement et, avec sa gouaille inimitable, l'interpréta pour la première fois le 6 octobre 1920 au Casino de Paris. Son amoureux Chevalier l'apprécia tout autant et alla même, avec « C'est ma bonne », jusqu'à en chanter l'année suivante une version masculine et parodique.

De Patachou à Carmen Maria Vega en passant par Colette Renard, on ne compte plus à ce jour les reprises, plus ou moins réussies, de « Mon homme ». À noter, dans les années 1980, « Mon mec à moi » de Patricia Kaas qui, bien qu'œuvre originale, semble rendre hommage à son illustre aînée. L'amant y est certes moins violent mais tout aussi macho. Avec des fulgurances comme « il parle d'amour comme il parle des voitures », on devine l'expert en carrosserie. L'expression « t'es belle comme un camion » viendrait-elle de là ?

HOMOSEXUALITÉ

Le sujet a longtemps été considéré comme tabou. Qu'une ou un artiste puisse faire son coming out en chanson et annoncer au grand jour son homosexualité a longtemps relevé de la science-fiction.

On n'ose imaginer dans les années 1970 le calvaire vécu par certains chanteurs à minettes obligés de cacher leur compagnon en public. Forcés de faire des reportages avec des fiancées imaginaires pour la presse adolescente. Chantant en voix de tête « Où sont les femmes », alors que, très franchement, c'étaient plutôt les mecs qu'ils recherchaient. Leur préférence sexuelle révélée aurait pu ruiner pour toujours leur carrière. Voilà pourquoi on a beaucoup plus entendu des chansons d'amour dédiées à Sonia, Vanina ou Daniela plutôt qu'à Robert, Maurice ou Alexandre.

Heureusement la parole a commencé à se libérer dès le début des années 1990. À Michel Denisot lui demandant ce qu'elle regardait en premier chez un homme, Catherine Lara répondit : « Sa femme ! » Aujourd'hui, oser chanter son homosexualité n'est même plus un sujet. On est loin de la télé de Guy Lux, où la pétillante Marie-Paule Belle invitait un chanteur débutant à se rapprocher d'elle, en lui promettant qu'il ne risquait rien. Comprenait qui pouvait. Aujourd'hui « Ta reine » interprétée par Angèle ou « On brûlera », texte délicat écrit et chanté par Pomme, ne laissent place à aucune ambiguïté. Pas plus que les clips d'Hoshi se mettant en scène avec son amoureuse. Ni la jolie déclaration de Santa, « J'éteindrai le chaos, tu seras ma femme », dans son récent succès « Popcorn salé ». La gent masculine n'est pas en reste. D'Eddy de Pretto à Emmanuel Moire, nombre d'artistes ont décidé d'assumer et de chanter leurs préférences amoureuses. Ainsi, ce dernier raconte dans sa chanson « La Promesse » tout le cheminement qui l'a amené à ne plus se cacher malgré la violence homophobe environnante : « Je me fais la promesse d'être fidèle à ma personne, la promesse de vivre enfin quand mon cœur bat pour un homme. » Comme dirait Bob Dylan, « *times are changing* ». Enfin !

ILS S'AIMENT

Nous sommes en 1982. Au Liban, la guerre fait rage. Bien loin de là, à Montréal, dans son garage aménagé en studio d'enregistrement, le chanteur Daniel Lavoie regarde les nouvelles à la télévision. Dans un déluge de violence, il aperçoit sur son écran, en arrière-plan, une image incroyablement décalée : deux gamins semblant faire fi de l'horreur environnante, avançant en se tenant par la main dans ce champ de ruines.

La force de l'amour au cœur d'une ville de Beyrouth entièrement dévastée.

Saisi par l'émotion, Lavoie se met au piano et compose en un quart d'heure la musique d'« Ils s'aiment ». Une première version anglaise baptisée « Ridiculous Love » passe totalement inaperçue. L'auteur québécois Daniel DeShaime s'attelle alors à une version francophone. Elle va rester plusieurs mois dans les tiroirs de son interprète. Lavoie est loin d'être convaincu par cette chanson trop grave à ses yeux pour rencontrer le grand public. C'est au mieux, selon lui, un joli titre d'album. C'est compter sans le flair de Monique Le Marcis, responsable alors des variétés pour RTL.

Il suffira de quelques diffusions sur son antenne, pour qu'« Ils s'aiment » entre et demeure dans le cœur du public français.

INDIEN (L'ÉTÉ)

Grâce à cette chanson enregistrée par Joe Dassin en 1975, des millions de Français ont pu élargir leurs connaissances météorologiques et picturales : cet automne où il fait beau, cette saison qui n'existe que dans le nord de l'Amérique... s'appelle l'été indien. Et Marie Laurencin est une artiste peintre française étroitement liée à la naissance de l'art moderne. Merci à Pierre Delanoë et Claude Lemesle, les auteurs de ce texte, d'avoir enrichi notre culture générale.

Une légende tenace veut que dans un premier temps Dassin ait détesté cette chanson. C'est rigoureusement faux. Celui que Pierre Delanoë surnommait tendrement le chanteur « attachiant » avait au contraire immédiatement adhéré au propos.

Cette adaptation française d'« Africa » (le titre original de la chanson) est d'ailleurs plus propice à un succès estival que son texte initial. Jugez plutôt : l'histoire d'un Afro-Américain exhortant ses frères de couleur à quitter les États-Unis pour aller faire prospérer leur Afrique ancestrale... Thème certes intéressant mais peu propice à un slow langoureux. Avec « L'Été indien », Dassin s'impose comme l'un des grands vainqueurs de la course au tube de l'été 1975.

La consécration pour un succès étant d'être parodié, ne boudons pas notre plaisir et fonçons dans les archives de l'INA pour découvrir ou redécouvrir la version proposée par Guy Bedos. L'artiste Marie

Laurencin y est rebaptisée Marie-Laure enceinte et le nord de l'Amérique s'est transformé en un terrain vague de Montreuil dans le 9.3.

C'est d'évidence moins glamour mais franchement très drôle...

INFIDÉLITÉ

L'infidélité a fait couler autant d'encre chez les paroliers que de larmes chez les amoureux éconduits. Il existe pléthore de chansons traitant de ce thème vieux comme le monde.

Notre choix assumé (comme disait André Gide, « choisir c'est renoncer ») sera donc tout sauf exhaustif.

En 2006, le rap français fait florès et la chanteuse Diam's est au sommet de son art. Dans « Confessions nocturnes », elle met en scène les déboires amoureux de deux copines : Vi (incarnée par une Vitaa encore débutante) et Mel (jouée par Diam's elle-même). Au début du clip la star tente de remonter le moral de son amie trompée, avant de s'apercevoir qu'elle est victime de la même infortune. Deux cocues, deux histoires d'amour rappées.

En 1997, dans « Je voudrais la connaître », Patricia Kaas ne se fait aucun cadeau. Elle ne veut rien s'épargner. Au contraire, pour ne plus imaginer, elle rêve de tout voir, de tout savoir de sa rivale. Quitte à en souffrir, quitte à en mourir. Le plus étonnant est que ce texte bouleversant a été écrit par un homme. C'est tout le talent de Jean-Jacques Goldman d'avoir, avec tant de justesse, su se glisser dans la peau et dans les maux d'une femme blessée.

En 1980, avec « Tu peux préparer le café noir », Eddy Mitchell chante les déboires de l'amoureux trahi par son propre ami. C'est assez classique. Le meilleur copain, toujours présent, toujours prêt à rendre service. Tous les services… Ce texte signé Claude Moine (le vrai nom de Mitchell) et Boris Bergman est un

exemple d'humour et d'autodérision. Point de colère ni de rancœur. Le laissé-pour-compte va même jusqu'à souhaiter bonne chance à ce nouveau couple d'ex (ex- femme et ex-pote). Je ne sais pas si cette histoire est autobiographique mais on imagine bien Monsieur Eddy afficher cette élégance dans pareille situation.

Enfin, nous ne saurions clore le sujet sans évoquer la très belle « Femme de mon ami » interprétée par Enrico Macias. Avec lui, point de passage à l'acte. Nous restons à la frontière de l'adultère.

Ce n'est pas qu'il n'y a pas pensé, ce n'est pas que l'envie lui manque, mais bon, Enrico, il a des principes. La femme d'un ami, c'est sacré. Et la convoiter, c'est péché.

Il a bien raison, Enrico. La vérité, pas de ça chez nous !

J

JALOUSIE

Là encore, ce sentiment souvent douloureux a inspiré nombre de chansons. Et la façon de le traiter a bien évolué selon les époques.

Avec Armand Mestral en 1946, la jalousie a des accents lyriques. La souffrance est grandiloquente et l'interprétation de l'artiste, pleine d'emphase. Chanteur, peintre et acteur, Armand Mestral était un artiste multi-talents. Sa « Jalousie », son « tube » (extrait de l'opérette *Chanson gitane* de Poterat et Yvain), l'a suivi jusqu'à la fin de sa carrière.

Il lui doit d'ailleurs l'un de ses derniers rôles au cinéma.

Dans *Le Grand Pardon* d'Alexandre Arcady en 1982, Armand Mestral jouant son propre personnage est invité par le mafieux Roger Hanin, plus parrain que nature, à venir chanter sa célèbre chanson lors d'une grande fête de famille.

Jalousie bien différente dans la forme et dans le fond que celle chantée par Angèle. Dans le quatrième extrait de son album *Brol* publié en 2018, l'artiste exprime sa souffrance (« c'est qui cette fille sur la photo ? ») de celle qui se sent supplantée dans le cœur de l'être aimé. Pour l'anecdote, le clip, exclusivement joué par des femmes (Angèle n'a jamais fait mystère de son homosexualité), a été entièrement tourné dans l'immeuble du Parti communiste français, place du Colonel-Fabien à Paris.

Sans doute une occasion pour le pauvre parti, en louant son siège, de renflouer quelque peu ses caisses.

Enfin et le plus amusant lorsqu'on en connaît l'histoire, le « Jaloux de tout » composé et enregistré par Julien Clerc en 1978 sur son album *Jaloux*. Si l'artiste est un mélodiste hors pair, il s'est toujours entouré pour ses paroles d'auteurs de talent. Le tout premier à lui

avoir donné sa singularité, son style, son langage fut indéniablement Étienne Roda-Gil. Après qu'il eut été longtemps la seule et unique plume de l'artiste, vint inéluctablement le moment où ce dernier eut envie de s'essayer à d'autres collaborations. C'est précisément le cas sur cet album. Julien a fait entrer le loup dans la bergerie. Ou plus exactement Jean-Loup (Dabadie). Avec une chanson comme « Ma préférence », ce dernier offre à l'artiste l'un de ses plus gros succès. Étienne est fou de rage. Il va même, lors d'une soirée arrosée, jusqu'à menacer son rival : « Toi, tu ne touches pas à mon usine », ladite usine n'étant autre que Julien Clerc. Alors, lorsque Roda-Gil écrit sur ce même disque le texte de « Jaloux de tout », il sait de quoi il parle.

K

KILIMANDJARO (LES NEIGES DU)

Après la plage, les sommets. En cet automne 1966, Pascal Danel vient de triompher tout l'été avec « La Plage aux romantiques ». Un slow langoureux comme les années 1960 ont su en produire à la pelle. Après un tel succès, difficile de confirmer les espoirs que les médias et le public ont placés en vous. Michel Delancray, ami et parolier de Danel, grand cinéphile et énarque cultivé, a été séduit par *Les Neiges du Kilimandjaro* de Henry King. Adapté de la nouvelle d'Ernest Hemingway, ce film aux allures de parcours initiatique raconte l'histoire d'un homme qui, sentant sa fin proche, va se réfugier au pied du Kilimandjaro pour se livrer à un bilan de vie. A priori, pas vraiment le thème d'une chanson d'amour. Et pourtant, le public va l'adopter comme telle. C'est même une version inachevée de la chanson qui sera matraquée sur les ondes. À la suite d'une grève des musiciens, Lucien Morisse, alors directeur des programmes d'Europe 1, décidera de ne pas attendre le mixage définitif et de lancer sur sa radio une « maquette », *work in progress* du titre.

Ce qui n'empêchera pas « Kilimandjaro » d'atteindre les sommets des hit-parades. Au moment où j'écris ces lignes, j'apprends que Pascal Danel vient de nous quitter. Les paroles de sa chanson, l'histoire de cet homme se sachant condamné résonnent en moi d'une bien triste manière.

L

LARMES

Petite précision : il ne s'agit pas pour nous ici d'évoquer les chansons d'amour lacrymales, j'entends par là les chansons qui font pleurer. Un petit dictionnaire n'y suffirait pas. Nous nous contenterons de revenir sur certaines d'entre elles qui ont laissé couler quelques pleurs ou sanglots dans leurs rimes et leur tempo.

La palme de l'originalité revient sans conteste à la chanson « Niagara », interprétée et composée par Julien Clerc sur un texte du génial Étienne Roda-Gil. Comparer celle que l'on quitte – lorsqu'elle se met à pleurer – aux chutes du Niagara, il fallait y penser. Toujours du même auteur, je vous conseille de réécouter « Le Cœur volcan », composée et chantée par le même Julien Clerc. Dans ce texte-là, l'évocation des larmes par Roda-Gil relève de la grande poésie : « La lave tiède de tes yeux coule dans mes veines malades », chante l'artiste avec son vibrato inimitable. Lorsqu'un matin, devant sa feuille blanche, un parolier a le talent de trouver une pareille image, je pense qu'il peut aller se recoucher, car sa chanson est terminée.

Plus consolateur, un tantinet grand frère, nous avons en 1973, toujours au rayon larmes salées, le « Faut pas pleurer comme ça » de Daniel Guichard. Le grand public l'a découvert un an plus tôt grâce à « La Tendresse », une chanson écrite par Patricia Carli. Rebondir après un grand succès n'est pas chose facile et Guichard cherche donc la bonne idée pour son prochain disque. Au niveau musical, il a retenu une jolie mélodie composée par Christophe. Oui, Christophe, le chanteur qui a parfois prêté un peu de son talent à certains confrères et consœurs. D'ailleurs, Daniel a tenté d'écrire quelques mots sur cette musique. Un premier jet que je vous laisse apprécier : « Le soir j'traîne dans les bars, Y en a qui m'offrent à boire, à boire plus qu'il n'en faut, on m'écoute chanter, on m'écoute parler, jusqu'au dernier métro »... bon, cette histoire d'alcoolique ne satisfait pas Guichard et encore moins les autorités de Barclay, sa maison de disques. Le temps passe et un jour qu'il est au volant, à un feu rouge, le chanteur remarque sur le trottoir une jeune femme en pleurs. Sur la musique de Christophe, il se met machinalement à chanter « Faut pas pleurer comme ça »... En transformant le vin en larmes, il vient par miracle de trouver le titre de son prochain succès.

Toujours dans les années 1970, nous passerons rapidement sur Mike Brant et son 45 tours « Rien qu'une larme dans tes yeux ». En avril 1975, en apprenant son suicide, ce sont des torrents de larmes que verseront ses fans inconsolables.

À noter dans les années 2000 l'incitation d'Amel Bent à laisser couler le chagrin. Son « Ne retiens pas tes larmes » écrit et composé par Franck Sitbon est un contrepied chanté à tous les conseils qui d'ordinaire invitent les éploré(e)s à réprimer ou à vite sécher leurs ondes salées.

Enfin, impossible de ne pas rendre hommage sur ce thème au « Rain and Tears » interprété par les Aphrodite's Child en 1968.

En ce printemps, les « enfants d'Aphrodite », un groupe d'origine grecque avec pour chanteur un certain Demis Roussos (très svelte à l'époque), doivent aller enregistrer un single à Londres. En transit à Paris, ils sont les victimes collatérales des événements du mois de mai. Les pavés volent bas mais plus aucun avion ne décolle. Dans l'urgence, la maison de disques Philips leur réserve quelques heures d'enregistrement dans un studio parisien du 13e arrondissement. Situé juste en face de l'hôpital de la Pitié-Salpêtrière. Pour écrire le texte en anglais, on trouve au débotté Boris Bergman, un jeune parolier bilingue qui signera par la suite les plus grands succès d'Alain Bashung. Pour l'heure, Boris

a le stylo sous la gorge. Enfermé dans le studio de chez Philips, il doit pondre en quelques heures un texte sur cette mélodie qui sent bon le slow langoureux. L'auteur cherche désespérément l'inspiration en laissant vagabonder son regard vers la fenêtre. Elle donne précisément sur l'entrée du funérarium de l'hôpital. Le spectacle offert est d'une grande tristesse. Un ballet de malheureux, entrant ou sortant en larmes, après être allés rendre un dernier hommage à leurs chers disparus. Pour finir d'assombrir le tableau, ce jour-là, il pleut à verse. Des larmes, de la pluie… « Rain and Tears », Bergman vient de trouver le titre du tube de l'été 1968 et mettre sur orbite, pour un succès planétaire, Demis Roussos, le compositeur Vangelis et leur groupe Aphrodite's Child.

LIBIDO

Indéniablement, certaines chansons d'amour ont le pouvoir de réveiller ou de stimuler la libido de ceux qui les écoutent. Elles semblent si nombreuses que nous ne saurions ici être exhaustifs. Parmi les incontournables, impossible de faire l'impasse sur « Je t'aime moi non plus ». L'idée du titre en serait venue à Gainsbourg après qu'il avait lu un aphorisme de Salvador Dalí. Le peintre catalan aurait eu ce bon mot : « Picasso est espagnol, moi aussi, Picasso est un génie, moi aussi, Picasso est communiste... Moi non plus ! » Cette chanson, enregistrée tout d'abord en duo avec Brigitte Bardot, était un cadeau de Serge à l'actrice de son cœur. Elle l'aurait tout simplement supplié de lui offrir « la plus belle chanson d'amour jamais écrite ». Rien que ça. Alors que le disque était prêt à être commercialisé, BB, se souvenant qu'elle était encore un peu mariée avec l'homme d'affaires allemand Gunter Sachs, supplia Serge de renoncer à ce projet. Grand seigneur, Gainsbourg, meurtri, remisa son œuvre par-devers lui. Deux ans plus tard, en février 1969, une seconde version fut enregistrée, mais cette fois en duo avec Jane Birkin, la nouvelle égérie de l'homme à la tête de chou. Pourquoi Jane a-t-elle consenti à succéder à Bardot ? « J'ai accepté uniquement par jalousie. Je ne voulais pas qu'il la fasse avec une autre fille. » Voilà qui a le mérite d'être clair.

Pour se démarquer de BB, Jane va prendre le morceau une octave plus haut. Dans un studio de Piccadilly, la chose est mise en boîte en à peine deux prises, râles et petits soupirs orgasmiques inclus.

À l'écoute du résultat, Georges Meyerstein, le président des disques Philips, ne mâche pas ses mots. Il renvoie illico le couple enregistrer à Londres car « quitte à aller en prison, autant que ce soit pour un album complet ». Lors de sa sortie, le disque va bénéficier du soutien inattendu du Vatican. En interdisant sa diffusion sur sa radio et en qualifiant la chose de totalement obscène, le Très Saint-Père va offrir une magnifique promotion à ce duo et à cette chanson devenue culte depuis.

Juste un an auparavant, en 1968, Juliette Gréco avait exigé qu'on la déshabillât. Composée par Gaby Verlor et écrite par Robert Nyel, « Déshabillez-moi » avait été dans un premier temps offerte par le parolier à une strip-teaseuse dont il était fou amoureux. Malheureusement l'idylle ne dura pas. Robert Nyel reprit donc sa chanson et la dame fut bonne pour aller se rhabiller. Un peu par hasard, alors qu'elle cherchait des titres pour un nouvel album, Gréco tomba amoureuse de cette pépite, fort osée pour l'époque. C'est d'ailleurs elle qui eut l'idée d'ajouter au texte la réplique finale « Et vous... déshabillez-vous », rendant selon ses propres termes la chanson moins salace. À noter également dans les invitations au strip-tease, la chanson de Zazie « Un point c'est toi ». Une incitation à s'abandonner et à s'offrir tel que l'on est, à se laisser par amour percer à nu... dans tous les sens du terme.

Dans un style beaucoup moins raffiné mais totalement aphrodisiaque à en croire ses groupies, nous vous proposons un petit voyage aux Antilles pour aller goûter au « Fruit de la passion » de Francky Vincent. Pour l'avoir rencontré, je peux affirmer que l'artiste, récemment élevé au rang de chevalier dans l'ordre des Arts et des Lettres, est un poète. Nous sommes en 1994 et Francky, agent auxiliaire aux écritures de la Sécurité sociale de Pointe-à-Pitre, vient de ramener chez lui l'une de ses nouvelles conquêtes. Le temps de baisser la lumière et sa partenaire est en route pour le septième ciel. Toute à son plaisir, elle hurle « Vas-y Francky c'est bon, vas-y Francky c'est bon ». Dans la tête de Francky, c'est le déclic. Toujours à l'affût d'une bonne chanson, la conscience professionnelle chevillée au corps, il laisse en plan la malheureuse pour se saisir de son instrument. Je veux dire sa guitare. Et là, porté par une inspiration céleste, il se met à chalouper « Vas-y Francky c'est bon, vas-y Francky c'est bon bon bon ». Sa chanson « Fruit de la passion » va se vendre à la bagatelle de quatre cent mille exemplaires. Et notre génial créateur de conclure : « C'est l'histoire toute simple d'une fornication. »

Pas de doute, Francky est un grand poète.

M

MAIN

Qu'on la demande, qu'on la prenne, qu'on la donne, qu'on la serre, qu'on l'effleure, qu'on la caresse… la main est depuis toujours très présente dans la chanson d'amour. En matière de relations intimes, la « mimine » est souvent le préambule, le premier contact, le visa pour d'autres transports. Des Beatles, « I Want to Hold Your Hand » (je veux tenir ta main), au père de la chanson moderne Charles Trenet (« J'ai ta main »), on ne compte plus les mains, souvent baladeuses, dans les refrains d'amour. Elles ont porté chance à Gilbert Bécaud, alors qu'il effectuait encore son service militaire. En composant la musique de « Mes mains » (sur un texte de Pierre Delanoë), il offre en 1953 à Lucienne Boyer (l'interprète de « Parlez-moi d'amour ») une bien jolie chanson. Ces mains, que Bécaud reprendra par la suite, feront le tour du monde pour devenir le premier succès international du tandem Bécaud-Delanoë.

Dans une esthétique un peu plus kitsch mais beaucoup plus dansante, je vous invite à lever les bras bien haut pour reprendre « Haut les mains » du groupe Ottawan. Nous sommes à l'aube des années 1980. Le chanteur guadeloupéen Patrick Jean-Baptiste est venu tenter sa chance à Paris. Il travaille toute la semaine chez Air France et joue les week-ends avec son groupe Black Underground. Repéré par le compositeur Daniel Vangarde (qui quelques années plus tard produira La Compagnie créole), il devient le leader du duo Ottawan. En pleine période disco, avec un zeste de rythmes caribéens, Patrick Jean-Baptiste et sa complice Annette Etilce mettent le feu sur toutes les pistes de danse. Je ne suis pas certain que les paroles de leur tube « Haut les mains » entrent un jour dans le Lagarde et Michard mais elles font partie du répertoire que l'on aime, sans complexe, hurler sous la douche pour se donner du courage, même en chantant très faux. Au fait, pourquoi avoir choisi le nom d'Ottawan ? Parce que le groupe avait pour habitude d'enregistrer dans un studio à Ottawa. Logique, non ?

En 1972, Christophe est à la recherche d'un second souffle. Et puis, il n'a pas encore rencontré, en la personne de Jean-Michel Jarre, l'artisan de sa résurrection artistique. Dans cette période en demi-teinte, il enregistre sur un texte de Léonie Lousseau « Main dans la main ». Sans devenir un titre incontournable de son répertoire, cette simple et jolie ballade, beaucoup diffusée par les radios, prend des airs de carte postale pour tous ses fans, en manque de nouveautés. « Main dans la main » : une oasis dans la traversée du désert de l'artiste, une main tendue pour le retour vers le succès.

Enfin, bien qu'il n'ait à ma connaissance jamais chanté, je ne saurais mettre un point final à ce paragraphe consacré à l'importance de l'extrémité de nos membres supérieurs dans les chansons d'amour sans citer le génial Pierre Desproges : « L'amour, c'est comme les cartes. Si tu n'as pas de partenaire, il te faut une bonne main. »

MALADIE

Si l'amour peut donner des ailes, changer les couleurs du temps ou faire marcher sur l'eau, il peut aussi faire terriblement souffrir. Les maux d'amour ont inspiré de fort jolis mots à la chanson française.

Du côté des Antilles, la « Maladie d'amour » popularisée par Henri Salvador en 1948 semble si douce et si bénigne qu'on rêverait presque de l'attraper. Cette chanson fut enregistrée pour la première fois en 1931 par l'artiste martiniquaise Léona Gabriel. À l'instar des grands chercheurs, beaucoup d'auteurs revendiquèrent la paternité de cette maladie-là.

La SACEM (Société des auteurs-compositeurs éditeurs de musique) trancha en créditant l'œuvre à Henri Salvador, Léona Gabriel et Jean Marcland. Aucun des trois n'ayant trouvé l'antidote pour en guérir, Michel Sardou fut à son tour contaminé en 1973. Cette chanson composée par Jacques Revaux et coécrite par Yves Dessca et lui-même est l'un des quatre plus gros succès de la carrière de Michel Sardou. Juste après « Les Lacs du Connemara ».

Et comme pour cette dernière, dans un premier temps, le chanteur refusa catégoriquement de l'enregistrer. La mélodie lui semblant trop proche du *Canon* de Pachelbel (ce en quoi il n'avait pas totalement tort) et les paroles, en définitive sans intérêt. Il faudra toute la diplomatie de ses producteurs pour que Sardou accepte d'attraper cette « Maladie d'amour » qui telle une épidémie se répandit sur les ondes, jusqu'à devenir le tube de cet été-là.

Un an plus tard, en 1974, lorsque Serge Lama déclare « Je suis malade », le cas est beaucoup plus sérieux. Certes, le pronostic vital n'est pas engagé mais l'artiste souffre terriblement. Il se confie alors à son amie et compositrice Alice Dona. Voilà quelques mois qu'il vit une passion amoureuse, délicieuse et douloureuse. Il rythme son récit de « j'en suis malade, Alice » qui arrachent le cœur de sa complice. Rentrée chez elle, cette nuit-là, Alice Dona n'arrive pas à dormir. Les aveux de Serge la bouleversent. Elle se met au piano et compose une mélodie forte et émouvante. Au matin, elle appelle le chanteur pour la lui faire écouter, oubliant que ce dernier est parti le jour même pour une longue tournée d'été. Il lui faut donc attendre la rentrée de septembre pour enfin jouer sa composition à Serge. Et là, selon une méthode tant de fois éprouvée par eux deux, Alice se transforme en magnétophone vivant, rejouant à l'envi ses notes tandis que Serge, en silence, noircit les feuilles de papier blanc. À la fin de la journée, le texte est achevé.

Avant même qu'il se décide à la lui chanter, Alice sait qu'ils viennent d'écrire ensemble leur plus belle chanson.

MANQUE (LE)

Le manque de l'être aimé est un sentiment universel qui a, de tout temps, inspiré de fort belles chansons.

Ce vide, ce néant, cette quête de l'autre envolé a offert à Vianney son premier succès, « Pas là », ou comment faire d'une de perdue, non pas dix de retrouvées, mais des millions de fans reprenant en chœur un refrain efficace et entêtant. Je me souviens de la première fois où j'ai entendu cette voix singulière et cette chanson à la radio. Après avoir noté le titre et le nom de l'interprète, j'ai proposé à William Leymergie (alors producteur de Télématin sur France 2) de réaliser le portrait de ce nouvel artiste. Il me semblait évident que ce Vianney avait tout pour réussir. Je me souviens également de l'élégance avec laquelle un couple très affable m'a abordé quelques mois plus tard dans la rue, pour me remercier « de ce que j'avais fait pour leur fils, le jeune Vianney Bureau ». J'ai dans un premier temps pensé qu'il s'agissait d'un élève croisé du temps où j'étais surveillant dans un lycée, avant de comprendre en riant que Bureau était le nom de famille de Vianney, qui depuis ce premier reportage a fait toute la démonstration de son talent.

Dix ans plus tôt, ce même sentiment de manque fut à l'origine de l'une des plus jolies chansons de Calogero : « Si seulement je pouvais lui manquer ». L'histoire de cette création vaut que l'on s'y attarde. Initialement, ce texte signé Michel Jourdan évoquait simplement le manque de l'être aimé. Calogero et son frère Gioacchino le mettent en musique et accouchent d'une jolie chanson certes, mais sans grande originalité. La parolière Julie d'Aimé a alors une bonne idée. Transformer la phrase « manquer d'amour n'est pas un crime » en un « manquer d'un père n'est pas un crime ». L'évocation de ce manque-là n'est plus le classique et « banal » manque d'amour d'une femme, mais le manque de l'amour paternel. En changeant une phrase, la chanson prend un tout autre sens et une tout autre dimension. Comme dans un miroir, des millions de gens vont s'y reconnaître. Sacrée chanson de l'année aux Victoires de la musique 2005, elle trouvera en Nicolas Sarkozy l'un de ses meilleurs attachés de presse. Invité de Marc-Olivier Fogiel dans son émission de télévision, pour évoquer les rapports douloureux entretenus avec son père, le futur président de la République se contentera de citer les paroles du tube de Calogero.

MENSONGE

Il est souvent cause de rupture. Il est aussi le sujet de bien des chansons… de fin d'amour. Lorsque Pinocchio est démasqué, son appendice nasal est tel qu'il devient difficile de fermer les yeux. Dans sa chanson « Mentir », enregistrée en 1991 pour l'album *Ami ou ennemi*, Maurane n'a plus aucune illusion. Elle tente bien, avec tendresse, de trouver quelques excuses à son amoureux comme « Tu n'es qu'un enfant, tu veux te grandir mais tu mens », mais on sent bien que la messe est dite. Nous sommes là face à un constat, froid et sans colère apparente. La trahison est avérée. Les mots de Daria de Martynoff, auteure de ce texte, ne laissent pas beaucoup de doutes quant à l'issue de cette histoire.

Tout autre ambiance avec « Le Dîner », enregistrée en 2005 par Bénabar dans son album *Reprise des négociations*. L'auteur a le mensonge assumé et triomphant. En l'occurrence, on s'en fout de ce dîner chez nos amis, on invente une excuse et on reste en amoureux au lit. Une des raisons qui ont fait de cette savoureuse chanson l'un des plus gros succès de l'artiste, c'est qu'en fait, ce mensonge on l'a tous fait un jour ou l'autre ! Bénabar, en assumant ses bobards, nous met face à nous-mêmes et à nos petites vilenies. Sa chanson est un genre de miroir dans lequel il ne fait pas toujours bon nous regarder...

Enfin, dans une esthétique différente, je vous invite aux « Excuses ou mensonges » d'Orelsan. Cette chanson, enregistrée en 2017, est aussi touchante qu'entêtante. L'artiste est prêt à tout pour garder celle qu'il aime. Même à tout travestir, tout maquiller, tout inventer plutôt que de lui avouer sa triste réalité : « J'ai des mensonges tellement beaux, tu voudras plus jamais croire la vérité. » Reste à savoir si ce jeu de rôles peut tenir plus longtemps que les trois minutes d'une chanson...

MESSAGE (PERSONNEL)

En 1971, Françoise Hardy rencontre le temps d'un album la bossa-nova. Ce disque, *La Question*, considéré par l'artiste comme son meilleur, reste à ce jour un ovni dans sa discographie.

En ce début des années 1970, la chanteuse se sent un peu perdue. Pour preuve, elle envisage même un temps de signer chez Flèche, le label dirigé par Claude François !

Ex-icône de la génération yéyé, elle se cherche artistiquement... et trouve Tuca, une artiste compositrice brésilienne vivant à Paris. Françoise tombe en amour pour ses chansons écrites en portugais et décide de les adapter en français. Ne trouvant pas de maison de disques pour financer son projet, elle casse sa tirelire et engloutit ce qu'il lui reste d'économies dans une production soignée. L'enregistrement achevé, elle va fièrement présenter ses douze nouveaux titres à son ami Serge Gainsbourg. Elle apprécie son élégance et ses conseils avisés. Serge écoute religieusement l'ensemble. Son verdict tombe, sans appel : « Tu as un très joli train, douze très jolis wagons mais il te manque une locomotive. » Comprenez par là, il te manque la chanson forte, le tube capable de « tirer » cet album vers les sommets des hit-parades. Follement déçue, Françoise quitte froidement le domicile de Serge.

Mais malheureusement pour elle, ce dernier a vu juste et *La Question* ne trouvera pas de réponse dans le public.

Deux années plus tard, la chanteuse se lie d'amitié avec un jeune auteur-compositeur très prometteur. Michel Berger n'est pas encore connu comme interprète mais il a déjà réalisé un magnifique premier album pour son amoureuse de l'époque, une certaine Véronique Sanson. Pas de bol, cette dernière vient de le quitter. Sortie pour aller chercher des cigarettes... elle s'est envolée pour la Californie rejoindre son nouveau fiancé Stephen Stills. Berger a perdu son étoile. Il souffre le martyre et son cœur n'est plus qu'une immense cicatrice. C'est bien évidemment pour sa Véronique évaporée qu'il compose et écrit « Message personnel ». Lorsqu'il montre cette nouvelle chanson à son amie Françoise, celle-ci tombe immédiatement sous le charme. Michel accepte de lui laisser sa chanson et l'invite même à y ajouter un texte parlé pour parfaire l'ensemble. Françoise s'exécute et transforme la chose en un « double message personnel ». Si Michel parle donc à Véronique, elle s'adresse à son mari, Jacques Dutronc, avec qui les relations ne sont pas toujours paisibles.

Et lorsque pour la première fois elle vient faire écouter son nouveau 45 tours sur l'antenne d'Europe 1, dans l'émission de Jean-Loup Lafont, Gainsbourg est ce jour-là invité lui aussi.

En l'apercevant dans le studio, Françoise craint le pire... Le casque sur les oreilles, Serge ne bronche pas. À la fin de la diffusion de « Message personnel » il se lève, se dirige en souriant vers Françoise et glisse à l'oreille de sa regrettée amie : « Tu vois, cette fois-ci, c'est gagné ! Tu l'as, ta locomotive ! »

MÉTÉO

Dans la grande histoire des chansons d'amour, certains succès, par leur titre et leur contenu, ressemblent à s'y méprendre à des bulletins météorologiques.

Ainsi, en 1963, le tout jeune Salvatore Adamo prend à témoin les conditions climatiques de sa déconvenue sentimentale. Sa fiancée du moment vient de lui faire faux bond et pour noircir le tableau, il neige ce soir-là à gros flocons sur tout le plat pays qui est le sien... Le jeune artiste prend alors sa guitare et transforme le lapin en tube. Il signe avec « Tombe la neige » son premier grand succès. Pour l'anecdote, cette chanson aujourd'hui considérée comme un standard au Japon est devenue en France l'un des tubes de l'été 1963. Sortie en Belgique à l'hiver 1962, il lui a visiblement fallu un certain temps pour traverser la frontière. Danser un slow serré sur « Tombe la neige », le meilleur moyen pour tous les timides de briser la glace...

Ils ont incarné dans la France pompidolienne et giscardienne des années 1970 l'image du couple idéal. Ils s'appelaient Stone et Charden. Ils chantaient main dans la main et tête contre tête, des refrains populaires que nous avons encore tous en mémoire. Ainsi, en 1972, les deux tourtereaux entrent en studio pour enregistrer un nouveau 45 tours. Sur une mélodie signée Charden, leurs paroliers attitrés, les duettistes Frank Thomas et Jean-Michel Rivat, se sont fendus d'un texte intitulé « Tout le monde sera malheureux un jour ». Stone, jusqu'alors plutôt conciliante, n'en croit pas ses yeux. Comment, avec une image si souriante et si positive, leur couple à la scène comme à la ville pourrait-il assumer un texte aussi sombre ? Trop c'est trop, elle refuse d'enregistrer ces paroles. Les auteurs sont priés de revoir au plus vite leur copie. Dès le lendemain matin, en ouvrant le journal, ils peuvent lire à la une de *France-Soir* : « Il y a du soleil sur la France. » Finalement, trouver un bon titre et écrire l'un des gros tubes de l'été 1972, ce n'est pas si compliqué que cela…

En 1980, toutes les crèmes protectrices ne pourront empêcher « Le Coup de soleil » de Richard Cocciante de cogner très fort. « J'ai attrapé un coup de soleil, un coup d'amour, un coup de je t'aime… » Depuis plus de quarante ans, tous les étés, la voix sensuellement éraillée de l'artiste vient sur les ondes nous réchauffer. Et comme il est bon de rendre à César ce qui lui appartient, rappelons ici que cette chanson a été écrite et composée par Jean-Paul Dréau. Ce dernier se souvient avoir trouvé son inspiration dans un chagrin d'amour. Sa fiancée partie pour les États-Unis l'avait laissé comme une âme en peine. La grosse déprime va se transformer en gros succès et marquera le début d'une collaboration fructueuse entre Richard Cocciante et son nouvel auteur de talent.

Été 1986, Stéphanie de Monaco déboule, contre l'avis du palais princier, « Comme un ouragan » sur toutes les radios. Elle devra d'ailleurs attendre d'avoir vingt et un ans, alors l'âge de la majorité à Monaco, pour enregistrer cette chanson composée par Romano Musumarra et produite par Jean-François Michaël, destinée à l'origine à Jeanne Mas. Cette dernière la refuse au motif qu'elle ressemble trop aux mélodies qu'elle a déjà chantées. Elle est ensuite proposée à Sheila, sans plus de succès. L'ex-« Petite Fille de Français moyen » est en quête de sens et rêve de textes plus profonds. Alors, comme dans les contes de fées, la jolie princesse s'approprie cet ouragan mal-aimé et le transforme en disque d'or…

Quelques années plus tard, en 1991, Jamel Laroussi, chanteur leader du groupe Au p'tit bonheur, hurle à qui veut bien l'entendre : « J'veux du soleil ». Un hymne mélancolique à l'enfance et à l'inconditionnel amour maternel. Instituteur durant dix ans à Aulnay-sous-Bois dans le 93, Jamel avait pour premier public les gamins de sa classe. Encouragé par leurs réactions enthousiastes, l'instit se décide à pousser la porte de quelques maisons de disques pour aller faire écouter ses premières compositions. Victime de son succès, il devra rapidement quitter l'Éducation nationale pour aller se produire devant des « classes » plus imposantes que celles devant lesquelles il professait…

MILORD

Nous sommes en 1958. Édith Piaf vit une nouvelle passion amoureuse. L'heureux élu, de quelque vingt ans son cadet, s'appelle Joseph Mustacchi. Il se fera connaître sous le pseudonyme de Georges Moustaki. Il est beau comme un dieu mais n'a aucune situation. Comme à son habitude, la Môme va vouloir prouver à son entourage suspicieux que le nouvel amant, outre un physique avantageux, a aussi du talent. Comme à un collégien à qui l'on impose une rédaction, elle donne à son fiancé un sujet à traiter : deux amants à Londres, un dimanche, ils se séparent… Georges, en élève studieux, planche et rend un texte sans intérêt. Les premiers vers étaient : « C'était un dimanche à Londres, dans le quartier du port, souvenez-vous milord… » De son stylo rouge, à la manière d'une correctrice chevronnée, Édith entoure le mot « milord ». « La chanson est là, dans ce mot », affirme-t-elle à Moustaki, sommé de se remettre au travail illico. Il ne le regrettera pas. Mis en musique par Marguerite Monnot, son Milord va faire le tour du monde et l'introniser, avant qu'il chante à son tour, dans le club très fermé des auteurs-compositeurs à succès.

MINET-MINETTE

Les « minets » sont des chanteurs « à minettes ». Avec une telle définition, je le concède, nous ne sommes pas très avancés. Quelle réalité se cache derrière ces vocables félins plus usités d'habitude chez un vétérinaire que dans une salle de concert ?

On a souvent rassemblé sous l'appellation de « chanteurs à minettes » ces jolis garçons, coiffures impeccables, pantalons pattes d'éléphant, boots à semelles compensées et chemises cols « pelles à tarte », qui, lorsqu'ils chantaient, faisaient hurler leurs groupies dites minettes, ainsi baptisées en raison de leurs hurlements de chattes en chaleur. C'était le début des années 1970. Guy Lux faisait les beaux soirs de la télé en couleur. C'était l'âge d'or du microsillon et les 45 tours deux titres se vendaient par millions. Alors, quasiment chaque semaine, les écuries du disque lançaient un nouveau poulain. Le point commun de tous ces artistes : chanter l'amour, surtout s'il rimait avec toujours. Au niveau contenu, rien à voir avec les *Fragments d'un discours amoureux* de Roland Barthes. Très peu ont survécu aux seventies. Ils s'appelaient C. Jérôme, Enriqué, Jacky Reggan, Christian Vidal, Christian Delagrange, Mike Brant, Dave, Frédéric François ou François Valéry. Ce dernier devant d'ailleurs son pseudonyme à son premier passage à la télé, le soir du second tour de l'élection présidentielle de 1974, opposant François Mitterrand à Valéry Giscard d'Estaing. Les sondages donnant les deux candidats dans un mouchoir et le chanteur ne voulant froisser personne, il choisit de se faire un nom en adoptant les prénoms des deux protagonistes. C'était bien vu, mais Jean-Louis Mougeot, son vrai patronyme, ce n'était pas mal non plus…

MOURIR (D'AMOUR)

De tout temps les verbes mourir et aimer se sont conjointement conjugués dans les chansons. Dans la littérature également. Roméo et Juliette, Tristan et Iseult sont parmi les exemples les plus connus d'histoires où la mort semble être la seule issue d'un amour impossible.

Et son visa pour l'éternité.

Retour en 1956 sur « Les Amants d'un jour » interprétée par Édith Piaf. Dans ce texte signé Claude Delécluse et Michelle Senlis sur une musique de Marguerite Monnot, les deux amants décident de venir se donner la mort dans une chambre d'hôtel. Le mythe romantique d'une mort délivrance et d'un amour que plus rien ni personne ne pourra contrarier. Beaucoup moins onirique puisque inspirée d'une histoire réelle, la chanson « Mourir d'aimer » de Charles Aznavour.

Ému par le film d'André Cayatte racontant la descente aux enfers et le suicide de Gabrielle Russier, professeure condamnée et incarcérée pour avoir entretenu une liaison avec l'un de ses élèves, l'artiste se met au piano et accouche d'une œuvre bouleversante d'humanité. Sa chanson sera l'un des grands succès de l'année 1971.

En 1979, Francis Cabrel écrit, compose et enregistre « Je l'aime à mourir », une chanson intimiste, véritable acte de naissance de l'artiste dans le métier. À cette époque, Cabrel n'est pas un inconnu dans la profession. Avec son premier album enregistré deux années auparavant, il a obtenu ce que l'on qualifie pudiquement de « succès d'estime ». Son titre « Les Murs de poussière » a eu l'honneur de quelques passages à la radio et il s'est même retrouvé à l'Olympia en lever de rideau du spectacle de Dave. Avec ses cheveux mi-longs, ses grosses moustaches, son accent rocailleux et ses pantalons en velours côtelé achetés au Vieux Campeur, l'enfant d'Astaffort avait tout l'air d'un mousquetaire du Sud-Ouest égaré dans le show-biz parisien. L'épreuve du deuxième album allait donc s'avérer décisive. Pour ce nouvel opus, l'artiste avait beaucoup lutté avec sa maison de disques afin d'obtenir un résultat, un son moins « variété » que sur le premier enregistrement. Les séances de studio étaient terminées et Francis rentré chez lui lorsqu'un soir, un ami guitariste venu lui rendre visite lui montra une nouvelle technique, une nouvelle façon de jouer de la guitare : « le picking », popularisé en France par le regretté Marcel Dadi. Pour faire simple et court, dans un « picking », le guitariste alterne basses et aigus, ce qui donne à l'oreille l'impression que deux personnes jouent en même temps. Fort intéressé par cette leçon inattendue, une fois son ami parti, Cabrel s'entraîna toute la soirée. À la nuit tombée, sans presque s'en apercevoir, il venait d'achever « Je l'aime à mourir ». Seul petit souci, tout le budget de l'album avait été dépensé. Fort heureusement, les financiers de la firme CBS eurent la bonne idée de desserrer les cordons de la bourse afin que cette chanson puisse être enregistrée in extremis.

C'est tout naturellement cette chanson-là que les médias choisirent de promouvoir. L'un des premiers à fondre pour cette ballade fut Patrick Sébastien. Il embarqua Cabrel dans sa grande tournée des plages. À charge pour Francis d'ouvrir le spectacle, Marie Myriam devant clôturer la première partie, et enfin Sébastien finir la soirée en vedette. Au fur et à mesure de la tournée, « Je l'aime à mourir » s'imposant comme le tube de l'été 1979, il devint de plus en plus difficile à Francis de sortir de scène tant le public le plébiscitait. Et de plus en plus difficile, quel que soit son talent, à Marie Myriam de lui succéder sur ce même podium... L'apanage des grands succès étant d'être parodiés, Patrick Sébastien ira même jusqu'à écrire « Je l'aime à courir », une version très drôle et très trash que je vous invite à aller écouter...

NE ME QUITTE PAS

À l'écoute de cette chanson, Édith Piaf se serait exclamée : « Un homme ne devrait pas chanter des trucs pareils ! » Certainement une vision trop suppliante de l'amoureux éconduit pour la Môme, plus habituée à l'assurance musclée des machos.

Et aussi surprenant que cela puisse paraître, cette chanson n'est pas, selon Brel, une chanson d'amour. C'est même là, pour lui, un épouvantable malentendu. Pour son auteur, cette chanson n'est qu'un hymne à la lâcheté des hommes. Jusqu'où un homme peut s'humilier, s'avilir, pour garder celle qu'il aime. Et de conclure au micro d'Emmanuel Poulet sur RTL en 1966 : « Je sais qu'évidemment cela peut faire plaisir aux femmes qui en déduisent assez rapidement que c'est une chanson d'amour… mais ce n'est pas une chanson d'amour ! »

Une déclaration qui a de quoi laisser songeur.

Tout est parti d'une mélodie enjouée que l'artiste avait composée et baptisée « Petite valse mexicaine ». Il la garde dans les tiroirs de son inspiration en attendant de lui trouver quelques paroles adéquates. Un jour qu'il est en tournée, juste avant le concert, l'artiste demande à Gérard Jouannest, son nouveau pianiste fraîchement sorti du conservatoire, de l'aider à finaliser cette mélodie. Ce dernier a l'idée d'en ralentir considérablement le tempo et de composer des couplets qui n'existaient pas. Le résultat est poignant. Adieu la petite valse aux accents sud-américains et bonjour le texte bouleversant de « Ne me quitte pas ». À noter encore les rapports ambigus entretenus par Brel avec le succès rencontré par sa chanson. Il l'interprète de toute son âme (on a tous dans le cœur les images en noir et blanc, à la télévision, d'un Brel couvert de sueur implorant « ne me quitte pas »), mais déclare à qui veut l'entendre ne pas spécialement l'aimer. Peut-être cette œuvre réveille-t-elle en lui certaines douleurs bien enfouies... Autre douleur, plus directement quantifiable, celle qu'a dû ressentir Gérard Jouannest au moment de déclarer l'œuvre à la SACEM (Société des auteurs-compositeurs éditeurs de musique). N'ayant pas passé l'examen d'entrée pour être membre de cette société, le compositeur ne pourra revendiquer, lors de sa diffusion, la moindre paternité sur cette œuvre qui a fait le tour du monde. Fort heureusement, il aura tout le temps et tout le talent de se rattraper en accouchant de nombreuses autres superbes chansons avec le grand Jacques.

NON-DEMANDE EN MARIAGE (LA)

Cette non-demande en mariage, cette invitation à ne jamais partager les affres et la promiscuité du quotidien, est sans doute l'une des plus jolies déclarations d'amour jamais chantées.

En 1947, Brassens tombe sous le charme d'une blonde estonienne née à Tallinn, de neuf ans son aînée. Elle s'appelle Joha Heiman mais il la surnomme « *püpchen* », ce qui signifie petite poupée en allemand. Toujours dans l'ombre du poète, veillant sans cesse à son confort et à sa tranquillité, elle sera de toutes ses joies et de tous ses combats sans jamais franchir l'invisible frontière de sa sacro-sainte liberté. Ils ne vivront donc officiellement jamais ensemble, chacun préservant sagement son espace… et son appartement. En cadeau de

« non-mariage », Brassens lui offrira cette chanson. Il faudra attendre 1999 et le décès de Püpchen pour que les deux tourtereaux se décident enfin à élire domicile commun. Ils reposent tous deux, pour l'éternité, au cimetière du Py à Sète.

NUIT

La nuit ne fait pas que porter conseil.

Elle a aussi inspiré de très nombreuses chansons d'amour.

Autant de nuits pudiques, érotiques, volcaniques ou magiques comme celle enregistrée par Catherine Lara en 1985 sur l'album du même nom. Une chanson qualifiée de « cadeau du ciel » par son interprète. Écrite par Luc Plamondon et co-composée par Sebastian Santa Maria et Catherine en « à peine dix minutes », elle ne devait pas, selon l'aveu même de l'artiste, figurer sur cet opus. Résultat des courses : un tube de dernière minute, repris dans de nombreux films (*Ceux qui m'aiment prendront le train* de Patrice Chéreau entre autres), remixé façon techno par le DJ israélien Offer Nissim, un titre emblématique des années 1980 demeurant à ce jour l'un des plus gros succès de son interprète.

Comme quoi, cette nuit avait véritablement quelque chose de magique…

Vingt ans plus tôt, Charles Aznavour fut l'un des rares artistes à ne pas hurler avec les loups et à ne pas mépriser la vague déferlante des jeunes artistes yéyé.

Bien au contraire. À l'époque où il était moqué par une certaine intelligentsia, il prend sous son aile le chef de file de cette nouvelle génération, un certain Johnny Hallyday, à peine sorti de l'adolescence. Charles sent immédiatement chez Johnny ce petit supplément d'âme, ce charisme indéfinissable qui fait l'étoffe des grandes stars. Alors, comme il l'a fait dans le passé pour Piaf, Marcel Amont, Philippe Clay ou Juliette Gréco, Aznavour endosse son habit de « tailleur musical » pour offrir à Hallyday un costume sur mesure. Sur une musique de Georges Garvarentz, il lui écrit « Retiens la nuit ». La facture de cette chanson, sa qualité tranchant singulièrement avec la niaiserie ambiante vont permettre à Johnny d'acquérir une respectabilité nouvelle. Si le grand Charles « parraine » ce jeune chien fou, il doit certainement avoir ses raisons. À l'instar de Lucien Morisse, patron des variétés d'Europe 1 (qui avait cassé en direct à l'antenne un disque d'Hallyday), les décideurs du métier revoient radicalement leur jugement.

« Retiens la nuit » ou le début des jours heureux pour Johnny...

ONANISME

De manière librement revendiquée ou plus poétiquement évoqué, l'onanisme est depuis bien longtemps présent dans les chansons d'amour. Il faut parfois bien écouter les paroles pour en découvrir le sulfureux ou délicieux parfum. Ainsi déjà en 1951, dans « La Folle Complainte », le fou chantant Charles Trenet évoque une domestique se livrant à la masturbation au nez et à la barbe de ses employeurs : « La bonne n'est pas sage, mais on la garde encore, on l'a trouvée hier soir, derrière la porte en bois, avec une passoire, se donnant de la joie. » C'est assez imagé et pour l'époque, plutôt gonflé. J'ai dû à de multiples reprises écouter ces paroles sans en comprendre toute la saveur. Jusqu'à ce que Jacques Martin, admirateur convaincu de Trenet, me demande un dimanche de parodier cette chanson pour son émission Ainsi font font font, et que je mette le doigt (si j'ose dire) sur ces quelques vers...

Vingt-quatre ans plus tard, le groupe Il était une fois enregistre l'un des grands slows de l'été 1975 avec « J'ai encore rêvé d'elle ».

Un songe torride qui n'est pas sans laisser de traces. Avec un aveu tel que « Je l'ai rêvé si fort que les draps s'en souviennent », on comprend vite que lesdits draps n'ont pas seulement été froissés. À noter que cette chanson, devenue une des plus reprises (et des plus massacrées) dans tous les karaokés de France, a bien failli rester enfouie au fond d'un album. À l'origine baptisée « Opéra », elle ne devait être interprétée que par Richard Dewitte, le compositeur, batteur et chanteur de la formation. Joëlle, l'égérie du groupe, insista pour la transformer en duo. Non sans mal : la mélodie très haut perchée était pratiquement impossible à chanter. Pour que Joëlle puisse poser sa voix, on dut recourir à une vieille astuce de studio qui consistait à ralentir la bande musicale et à faire chanter l'artiste au ralenti, dans une tonalité plus basse. Ensuite on ré-accélérait le tout, ce qui donnait souvent un petit côté « cartoon » à la voix ainsi trafiquée. Malgré toute l'inventivité de l'ingénieur du son, lors de sa sortie, « J'ai encore rêvé d'elle » passe totalement inaperçue. Pas le moindre programmateur n'a envie de se glisser dans ces draps-là. C'est compter sans l'ouïe fine de Monique Le Marcis, alors grande prêtresse des variétés sur RTL. À l'écoute de l'opus, elle n'a pas le moindre doute : ce vinyle recèle une pépite qu'elle entend imposer sur son antenne. On connaît la suite… Malgré le décès de deux de ses membres (Joëlle et Serge), Il était une fois est devenu l'un des groupes cultes des années 1970.

Et compte tenu du succès remporté par ce titre emblématique depuis bientôt cinquante ans, je suis étonné qu'une grande enseigne de laverie automatique ou de nettoyage à sec ne l'ait pas encore repris pour un spot de pub.

Enfin, toujours au rayon des chansons rimant avec masturbation, au tout début des années 1990, sur son album *Osez Joséphine*, Alain Bashung propose « Madame rêve », l'une de ses plus belles compositions. Le texte

signé Pierre Grillet est on ne peut plus cinématographique. Rien de surprenant pour ce parolier qui se rêvait réalisateur. Si certains ont vu dans ses images une évocation onaniste, l'auteur réfute formellement cette interprétation. Selon lui, « Madame rêve » est une ode poétique dédiée à l'une de ses conquêtes amoureuses. Le plus simple pour vous faire une opinion est sans doute d'aller écouter ou réécouter cette sublime chanson.

OUBLI (L')

Qu'il soit réel ou simulé, qu'on le redoute ou qu'on l'espère comme un libérateur, l'oubli est un invité récurrent des chansons d'amour. Pour Jacques Brel, la chose est tranchée : « On n'oublie rien de rien, on n'oublie rien du tout… on s'habitue, c'est tout. » Idée reprise des années plus tard par le duo féminin Laura Pausini et Hélène Ségara. Sur une musique de Gérard Capaldi, le parolier Bruno Grimaldi décline l'idée du grand Jacques en la modifiant un peu : « On n'oublie jamais rien, on vit avec » sortie en 2003, en français comme en italien, est un refrain que l'on est loin d'avoir oublié. Pour Claude Moine, plus connu sous le nom d'Eddy Mitchell, l'amour perdu était tellement fort que l'exercice de l'oubli s'avère impossible. Il avoue dans « J'ai oublié de l'oublier » son incapacité à effacer le moindre souvenir du disque dur de sa mémoire. À l'heure où la mode et la facilité étaient à l'adaptation de succès anglo-saxons, cette chanson originale enregistrée en 1966 sera la première d'une longue série écrite par Monsieur Eddy avec son complice compositeur Pierre Papadiamandis. Pour Johnny Hallyday, l'oubli résonne comme un douloureux constat. Ce qu'il redoutait a fini par arriver et l'être aimé, il en est certain, l'a déjà remplacé. C'est le scénario que lui propose d'incarner Didier Barbelivien, dans sa chanson « Elle m'oublie ». Eddie Vartan (le frère de Sylvie), musicien, directeur artistique chargé alors de la carrière de l'idole, écoute le titre avec attention. S'il est convaincu par le texte, la musique, elle, ne l'emballe pas. Il pense même pouvoir trouver une mélodie plus efficace. Les semaines passent. Barbelivien revient à la charge et aux nouvelles. Aucune autre musique n'a convaincu Eddie Vartan. Les deux hommes conviennent donc, sans trop y croire, de présenter la chanson telle qu'elle existe à Johnny. Qui immédiatement décide de l'enregistrer et d'en faire l'un des grands tubes de l'été 1978. Sur le plateau de l'émission Télématin, en octobre 2023, Didier Barbelivien se remémorant ses premiers succès avouait avoir cherché durant plusieurs mois la cassette où était enregistrée cette chanson. Il avait tout simplement oublié où elle était rangée.

P

PARDON

Toutes les histoires d'amour, si belles et passionnées soient-elles, ne vont pas sans connaître quelques zones de turbulences.

Lorsque le bateau prend l'eau, dans la vraie vie comme dans les chansons, rien de tel que d'implorer le pardon pour tenter de se rabibocher. Plus le sentiment de culpabilité est fort et plus les excuses doivent se faire suppliantes. Et tenter de paraître sincères. Ainsi, lorsque Mireille Mathieu, roulant les « r » comme personne, chantait « Pardonne-moi ce caprice d'enfant » (un texte écrit par Patricia Carli) en 1970, on se devait de prendre sa supplique au sérieux. Qu'importe la gravité de la bêtise cachée derrière ce dit caprice, on ne pouvait que vouloir pardonner à la demoiselle d'Avignon. Connaissant par magazine people interposé l'essentiel de la vie privée de Mimi, on se doute bien que ce caprice ne devait pas être bien méchant. On imagine mal Mireille se vautrer dans la luxure ou se livrer à quelques pratiques moralement déplacées. On ne peut donc à l'écoute de sa chanson que lui donner, à défaut du bon Dieu sans confession, un pardon sans réserve et sans rancune. En revanche, lorsque Claude François chante « Je te demande pardon », j'avoue nourrir quelques doutes… « Je te demande pardon, je ne t'avais jamais promis le paradis », chante le blond et élastique chanteur-danseur. Encore heureux ! À en croire les témoignages de toutes ses ex, le paradis, il a bien fait de ne jamais le promettre... Quelle que soit la qualité de cette adaptation signée Yves Dessca, ce pardon-là, on n'y croit pas. Du reste, cette chanson enregistrée en 1972 n'est pas restée dans les annales de la chanson des années 1970, ni même parmi les refrains incontournables de Cloclo.

Il faut traverser l'Atlantique, la Manche (ou emprunter l'Eurotunnel) pour enfin trouver des chansons où « Pardon, désolé » – *Sorry* dans la langue de Shakespeare – donne naissance à des standards. Des chansons d'amour qui vous arrachent le cœur même si vous ne comprenez pas un traître mot d'anglais. Ainsi, pas besoin d'être titulaire d'un master d'*english* pour fondre au « I'm Sorry » de Brenda Lee. « Little Miss Dynamite » (son surnom dû à sa petite taille) n'avait que quinze ans en 1960 lorsqu'elle fit le tour du monde avec ce tube planétaire.

Mais le must sur cette thématique de repentance reste le « Sorry Seems to Be the Hardest Word » (désolé semble être le mot le plus difficile à prononcer), texte écrit par Bernie Taupin sur une superbe mélodie composée par Elton John. Car pour une fois, la seule peut-être, Bernie n'est pas arrivé chez son artiste de prédilection avec un texte achevé. Généralement, à charge pour la pop star de mettre en musique la prose préexistante de son auteur fétiche. Et pour une fois, les rôles furent inversés : cette toute nouvelle mélodie née sur le clavier de Sir Elton John inspira à son fidèle parolier ce titre et ce texte sensible.

Si « Sorry Seems to Be the Hardest Word », on ne se lasse toutefois pas de l'écouter...

PARODIE

Aussi vrai que l'apanage des grands artistes est d'être imité, celui des grands succès est d'être parodié. C'est là une vieille tradition française, chère aux chansonniers, que de détourner les paroles d'une chanson à des fins humoristiques. Et il arrive parfois que la parodie soit presque autant plébiscitée que l'originale.

Nous avons évoqué dans ces pages le sulfureux duo Jane Birkin et Serge Gainsbourg, au seuil de l'orgasme, dans leur tube planétaire « Je t'aime moi non plus ». Dans une esthétique quelque peu différente, je ne saurais trop vous recommander d'aller écouter la parodie qu'en ont faite Jacqueline Maillan et Bourvil. « Ça », c'est le titre de cette étrangeté musicale, enregistrée en juillet 1970 (deux mois avant le décès de Bourvil). Sur la musique ultra-érotique de Gainsbourg, les deux artistes s'en donnent à cœur joie. Point de souffles haletants, mais plutôt des fous rires communicatifs et des concours de chatouilles. Bien qu'il soit écrit par Marcel Mithois, auteur de théâtre réputé, le texte semble être improvisé. Les deux protagonistes ne râlent pas de plaisir, mais débutent la chanson en toussant et en se mouchant bruyamment. Côté glamour, on y perd forcément un peu. On rit davantage de les écouter s'amuser que pour la drôlerie de leurs propos.

Quelques années plus tard, en 1978, la gomina et l'Amérique des années 1950 revenaient à la mode.

Le film musical *Grease* (brillantine en bon français) faisait un malheur sur grand écran. Toutes les jeunes filles rêvaient d'être coiffées comme Olivia Newton-John et les mecs de danser comme Travolta. La chanson phare de la bande originale de ce film *Grease* a été écrite et composée par Barry Gibb des Bee Gees. On peut d'ailleurs remarquer que ce titre plutôt disco n'avait rien à voir avec la musique et l'esprit des années 1950 mis en scène dans cette comédie. Cela ne l'a pas empêché de caracoler en tête de tous les hit-parades et d'envahir les pistes de danse du monde entier. Par le succès alléchés, Sim et Patrick Topaloff eurent l'idée de reprendre ce tube… à leur manière. *Grease* parodié en « Où est ma chemise grise » valait le détour. Certes Sim, en mini-jupe, était un peu moins sexy qu'Olivia Newton-John. Topaloff en Travolta de bazar n'était pas forcément générateur de libido mais le duo fit rire la France entière. La lettre de félicitations que leur adressa le producteur du film Robert Stigwood prit pour les amuseurs des allures de Légion d'honneur.

Petit bond dans le temps pour vous faire partager un joyeux souvenir. Nous voilà à l'automne 1998. Sur toutes les ondes de toutes les radios est alors matraquée la chanson « Belle » extraite de la comédie musicale *Notre-Dame de Paris*. Je travaille alors sur Europe 1 comme concepteur publicitaire. Mon ami Laurent Gerra fait tous les matins un tabac sur cette même antenne. Je le croise entre deux portes et il me dit son envie de parodier cette chanson qui lui sort par les oreilles. C'est d'ailleurs lui qui jette la première pierre : « Belle, y en a marre de ces trois grands couillons qui bêeeeeelllent... » Je reprends la balle et nous nous livrons à un ping-pong hilarant. Écrire avec Laurent est un pur bonheur. En une petite heure, nous avons commis un truc aussi grossier que drôle. Grâce à des fulgurances telles que « Quasimodo n'a pas eu droit à sa papouille, pourtant il aimerait bien se vider les gargouilles », notre texte flirte avec la grande poésie. En imitateur surdoué, Laurent se glisse alternativement dans la peau de Garou, Fiori et Lavoie, avec délice. Certes, le message d'amour initial a pris du plomb dans l'aile mais nous avons mis les rieurs de notre côté.

À l'heure du politiquement correct et de l'humour surveillé, je ne suis malheureusement pas certain que cette « œuvre » aurait aujourd'hui droit de cité dans les médias. Heureusement, il y a encore des Laurent Gerra pour oser la jubilatoire et saine insolence.

POÈME

Mis en musique avec talent, de nombreux poèmes, au fil du temps, sont devenus des classiques de la chanson d'amour. Le grand public ignore d'ailleurs bien souvent le nom du poète ainsi chanté. Des œuvres comme « Aimer à perdre la raison », « Que serais-je sans toi » ou encore « Nous dormirons ensemble » sont communément attribuées à Jean Ferrat sans que l'on mentionne toujours le nom de Louis

Aragon. Léo Ferré a largement contribué au rayonnement de Verlaine, d'Apollinaire ou de Rimbaud. Georges Brassens, poète lui-même, n'a jamais dédaigné « mettre en refrains » de beaux quatrains. Des plumes illustres telles celles de Paul Fort, François Villon ou Francis Jammes, mais aussi des auteurs beaucoup moins connus comme Antoine Pol. À ce propos, l'histoire de ses « Passantes » mérite d'être racontée.

Brassens avait pour habitude de fouiner chez les bouquinistes des bords de la Seine. Chez l'un d'eux, au début des années 1960, ses yeux se portent sur un petit recueil de poèmes signé d'un certain Antoine Pol. En le feuilletant, Brassens tombe en amour pour « Les Passantes ». Ce texte le touche particulièrement. Il achète le petit livre et se promet de le mettre un jour en musique. Une dizaine d'années passent. 1972, Brassens doit faire sa rentrée parisienne, comme à son habitude, à Bobino. Il doit également enregistrer un nouvel album. D'ailleurs, il a enfin mis en musique ce poème qu'il aime tant. « Les Passantes » sont devenues une chanson. Reste à prévenir son heureux auteur. C'est à Pierre Onténiente, le fidèle ami et secrétaire de Georges, que cette mission est confiée. Mais les recherches restent vaines. Ni la SACEM (Société des auteurs-compositeurs et éditeurs de musique), ni la SACD (Société des auteurs et des compositeurs dramatiques), ni la Société des gens de lettres n'ont la moindre trace de ce monsieur. Même l'annuaire reste muet. Le poète inconnu est introuvable. C'est compter sans les hasards de la vie, qui parfois font bien les choses. Un jour, le téléphone sonne dans le bureau de Brassens. En ligne, un retraité, ancien ingénieur, sollicite l'autorisation de reproduire à titre gracieux quelques textes du grand Georges dans le petit journal associatif dont il s'occupe. Onténiente accepte volontiers et, machinalement, avant de raccrocher demande le nom de son interlocuteur. Le monsieur, visiblement âgé, décline son identité : « M. Pol. » P, O, L, épelle le retraité. Antoine Pol, renchérit-il. Alors, le secrétaire de Georges, au comble de la stupeur, lui demande en hésitant si, par hasard, il ne serait pas l'auteur d'un poème intitulé « Les Passantes ». L'ancien ingénieur poète n'en croit pas ses oreilles. Ce qu'il entend le bouleverse. Lui qui a voué toute sa vie une totale admiration à Brassens apprend au détour d'un coup de fil, à plus de quatre-vingts ans, que son idole l'a mis en musique et s'apprête à le chanter. Malheureusement, la fin de cette histoire est bien triste. Lorsque quelques jours plus tard, revenu de tournée, Brassens appelle amicalement Antoine Pol pour faire un peu mieux connaissance, c'est sa veuve qui décroche. Le pauvre Antoine vient de quitter brutalement ce bas monde, sans avoir pu écouter son œuvre chantée par Brassens mais certainement le cœur léger à l'idée que ses Passantes allaient pouvoir lui survivre.

PRÉMONITOIRE

Certaines chansons d'amour ont été pour leurs interprètes étonnamment prémonitoires. À croire que la parole, même chantée, est créatrice.

Un des exemples les plus troublants est celui de « L'Hymne à l'amour », chanson écrite et interprétée par Édith Piaf. Lorsque l'artiste chante « si un jour la terre t'arrache à moi, si tu meurs, que tu sois loin de moi », son amoureux Marcel Cerdan est alors en pleine forme. Il s'entraîne pour son futur championnat du monde de boxe et ses jours ne sont nullement en danger. Et lorsque Piaf finit par « dans le ciel, plus de problème, Dieu réunit ceux qui s'aiment », elle ne se doute pas un seul instant combien ses paroles sont cruellement visionnaires. Le 28 octobre 1949, quelques mois après qu'Édith a accouché de ce texte, l'avion de « son » Marcel et de quarante-sept autres passagers s'écrase contre le Pico da Vara aux Açores.

Beaucoup moins dramatique, lorsque Gérard Blanc, ancien leader du groupe Martin Circus, enregistre en 1987 sa chanson « Une autre histoire », il est marié et n'a pas, a priori, prévu de quitter le domicile conjugal. Sa chanson, dont les paroles sont signées par le regretté Marc Strawzynski, raconte l'histoire d'un homme retrouvant dans une passion amoureuse un second souffle de vie. Sur le tournage du clip, en Afrique du Nord, Gérard rencontre la ravissante comédienne choisie par la production pour être sa partenaire.

Elle s'appelle Annie Pujol. Entre elle et Gérard s'opère un véritable coup de foudre. De retour à Paris, ces deux-là ne se quitteront plus pendant quelques années et démarreront ensemble « une autre histoire ».

Enfin, lorsque Michel Delpech écrit et enregistre sa chanson « Les Divorcés » en 1973, l'ambiance au foyer n'est certes pas idyllique mais de là à parler de séparation... Et pourtant, comme dans la chanson, les époux Delpech divorceront peu de temps après que cette chanson fut devenue un succès. Espérons que les droits d'auteur générés par cet énorme tube ont aidé le regretté Michel à régler quelques pensions alimentaires...

PRÉNOM

Les chansons d'amour ayant pour titre un prénom féminin sont beaucoup plus nombreuses que celles baptisées d'un prénom masculin. La parité dans ce domaine n'est absolument pas respectée. Pour un « Étienne, Étienne » de Guesch Patti, combien d'Hélène, de Nathalie, de Gabrielle ou d'Emmanuelle ? Au niveau des services d'état civil la chose est prouvée. On a vu, selon le hit-parade de l'époque, des vagues entières de petites Vanina, Céline ou Lucie déclarées par leurs géniteurs. Rarement une explosion de Nicolas, Fernando ou Raphaël – cher à Carla Bruni.

On a tous un jour « crié Aline pour qu'elle revienne ». « Mon Raymond, rentre à la maison », ça rime certes, mais c'est beaucoup moins glamour.

PRISON

Soyons clairs : il ne s'agit pas pour nous de livrer ici l'identité des artistes qui sont passés par la case prison, ni même de balancer le nom de ceux qui auraient mérité d'y aller pour avoir honteusement plagié, « pompé », une œuvre préexistante. Ce n'est pas le genre de la maison. Nous nous contenterons de revenir sur quelques chansons d'amour inspirées par l'univers carcéral et la situation d'enfermement.

Notre Johnny Hallyday national s'est, à plusieurs reprises, produit dans des établissements pénitentiaires. Allant même jusqu'à confesser que si la musique ne l'avait sauvé, il aurait pu dans sa jeunesse se retrouver du mauvais côté du mur. Son interprétation en 1964 du « Pénitencier » (une adaptation française de la chanson « The House of the Rising Sun » signée Vline Buggy et Hugues Aufray) est des plus réussies. En particulier le couplet où le futur incarcéré s'adresse une ultime fois à sa bien-aimée : « Et toi, la fille qui m'a aimé, je t'ai trop fait pleurer... », Johnny dans le rôle du blouson noir, *bad boy* repenti, est totalement crédible.

Un petit tour au rayon RnB pour aller s'enfermer avec Kenza Farah. Son « Cœur prisonnier » enregistré en 2010 vaut franchement le détour. Le clip met en scène la chanteuse écrivant à son taulard de fiancé. Ce dernier, la mine patibulaire (ou presque), découvre la missive dans sa cellule, sur fond de sinistres barreaux. Pour parfaire la compréhension et ajouter à la dramaturgie, on découvre en plan de coupe la une d'un journal titrant sur l'attaque à l'explosif d'une banque à Aulnay-sous-Bois. On imagine la joie des habitants de cette commune de Seine-Saint-Denis à l'idée d'être ainsi stigmatisés... En guise de « happy end », on comprend qu'il s'agissait en fait d'une terrible erreur judiciaire... Je ne vous en dis pas plus et je vous laisse enrichir votre culture générale en allant découvrir ce petit chef-d'œuvre.

Enfin, un vrai petit bijou, à mon humble avis la plus jolie chanson écrite sur l'incarcération, « Betty » de Bernard Lavilliers. L'artiste s'est toujours exprimé avec beaucoup de réserve sur ce titre enregistré en 1981 sur l'album *Nuit d'amour*. On sait juste que Betty a réellement existé et que Bernard lui a envoyé cette lettre après qu'elle lui avait écrit, à l'encre du désespoir, son envie d'en finir. Ce texte tout en pudeur et poésie n'était nullement destiné à être publié, mais à exhorter la malheureuse à « tenir le coup ». Bernard n'a du reste enregistré cette chanson qu'avec l'accord de Betty qui, après quatorze ans de réclusion, a pu retrouver la liberté. Et comme dans la chanson, il y a fort à parier que les deux amis ont dû savourer le bonheur de se retrouver, « en plein soleil »...

PROMESSES

« Les promesses n'engagent que ceux qui y croient. » On prête cette phrase, souvent utilisée par Jacques Chirac, à un président du Conseil sous la IVe République, le Corrézien Henri Queuille (surnommé le petit père Queuille). Et compte tenu du succès remporté par les chansons d'amour en forme de promesses, il faut croire que nous sommes nombreux à y croire. Ou tout du moins, à avoir envie d'y croire.

Pourtant certaines promesses semblent tout de suite excessives. Ainsi lorsque Michel Polnareff chante (sur des paroles de Jean-Loup Dabadie) « je te donnerai tous les bateaux, tous les oiseaux, tous les soleils ». Sans vouloir minimiser les pouvoirs et les ailes que peut donner l'état amoureux, on se doute bien que l'artiste, emporté dans un élan lyrique, a certainement présumé de ses forces.

Certaines promesses chantées peuvent prendre des airs de menaces. Ainsi, lorsque sur une musique martiale et avec une voix de stentor, Michel Sardou clame « À faire pâlir tous les marquis de Sade, à faire rougir les putains de la rade, je vais t'aimer », on a quelques soucis à se faire pour la santé, voire l'intégrité physique de celle à qui s'adressent ces douces paroles. Dans quel état va sortir la malheureuse ? Ou, plus menaçante encore, « Tu ne pourras plus jamais m'oublier » interprétée par Herbert Léonard.

Pour connaître et aimer Vline Buggy, la productrice et parolière émérite, entre autres du bel Herbert, je me suis souvent étonné et amusé de voir une femme d'un certain âge, bon chic bon genre, au langage châtié, écrire pour son protégé des chansons aussi osées. Dans les années 1980, de par la teneur de son répertoire, Herbert avait des airs de Rocco Siffredi de la variété française. Et au-delà du côté gentiment vantard, son « Tu ne pourras plus jamais m'oublier », au vu de toutes les maladies qui traînaient alors et qui traînent encore, a de quoi refroidir même les plus volontaires.

Au rayon des chansons dansantes et festives, impossible de faire l'impasse sur « On va s'aimer » de Gilbert Montagné. Depuis maintenant quarante ans, pas un mariage, pas une bar-mitsva digne de ce nom sans que la voix de Gilbert résonne sur la piste de danse. « On va s'aimer » ou la promesse d'une soirée réussie.

Enfin, comment conclure ce rapide tour d'horizon sans évoquer et fredonner « Je te promets », chanson écrite et composée par Jean-Jacques Goldman pour Johnny Hallyday ? À l'image de l'auteur, les promesses se font réalistes et raisonnables. On ne s'emballe pas. « J'te promets un moment de fièvre et de douceur, pas toute la nuit mais quelques heures », chante Johnny. Avec des promesses aussi mesurées, on ne peut avoir, à l'arrivée, qu'une bonne surprise.

Et aussi l'une des plus belles chansons du répertoire de notre Johnny national.

Q

QUE JE T'AIME

Nous sommes en 1969, année baptisée érotique par Serge Gainsbourg. Cette nuit-là, le parolier Gilles Thibaut regarde dormir celle qu'il aime. En situation et avec les yeux de l'amour, il accouche sur le papier de l'émotion qui l'étreint.

Au fil de la plume, les mots dansent et s'assemblent :

« Quand tes cheveux s'étalent comme un soleil d'été
Que je t'aime
Quand ton oreiller ressemble aux champs de blé
Que je t'aime... »

En une heure le texte est achevé. Il le confie au compositeur Jean Renard qui immédiatement y voit une excellente chanson pour Johnny. Seul petit frein : que faire de tous ces « que je t'aime » présents au début de chaque vers. Le rusé Renard ne s'embarrasse pas outre mesure et décide de tous les regrouper dans le refrain.

À l'écoute de la chanson, Johnny n'est pas plus emballé que cela. Ce jour-là, sa préoccupation est beaucoup plus prosaïque : quel film aller voir avec ses potes au cinéma ?

Que c'est un choix, que c'est urgent et que c'est difficile de se décider... « Que je t'aime » va donc devoir attendre des jours meilleurs. Quelques mois plus tard, Johnny doit participer au grand show télévisé du samedi soir produit par Maritie et Gilbert Carpentier. À l'écoute du nouvel album de l'idole, Maritie n'est pas convaincue. Il manque selon elle une grande chanson à l'artiste. Elle appelle au secours Jean Renard. Il faut trouver « quelque chose » pour muscler l'émission à venir.

Illico, le compositeur se met au piano et lui joue son « Que je t'aime » que Maritie adoube sur-le-champ. Que voilà comment est née une chanson que depuis des années, tous les amateurs de karaoké massacrent avec bonheur.

R

RÉCONCILIATION

Retrouvailles, mots d'excuse, demandes de pardon plus ou moins sincères, les tentatives de réconciliation amoureuse ont elles aussi beaucoup fait chanter. Vrais nouveaux départs ou provisoires rabibochages, l'histoire ne le dit pas...

En 1967, sur des paroles de son auteur fétiche Pierre Delanoë, Gilbert Bécaud chante « Je reviens te chercher ». C'est tellement bien écrit et décrit que l'on a l'impression d'assister à la scène. Il semblerait que cette histoire soit autobiographique. Monsieur 100 000 volts portait bien son surnom. En amitié comme en amour, on imagine que son caractère affirmé lui valut quelques brouilles... et donc fatalement de belles réconciliations. Il aurait d'ailleurs « commandé » ce texte à Delanoë après quelques tumultes sentimentaux. Nous sommes en 1967 et Gilbert vit depuis deux ans avec Kitty, une ravissante femme, mannequin américaine qui sera sa dernière épouse. Si nous ne connaissons pas la cause de la dispute, nous pouvons toujours soixante ans plus tard apprécier cette chanson aux allures de calumet de la paix, interprétée pour la première fois par l'artiste à Saint-Malo en août 1967. Son plus bel enregistrement reste celui réalisé en public, à l'Olympia, en novembre 1967. Comme toutes les grandes chansons, celle-ci a connu de jolies reprises. Celle de Dalida en 1968, revenant à la vie après une tentative de suicide, est particulièrement émouvante. Ou plus récemment la version délicate offerte par Anne Sila. À noter enfin son utilisation en 2020 et 2021 dans des spots publicitaires télévisés pour la promotion du vaccin contre le Covid-19.

Tout aussi cinématographique est « L'Italien » incarné par Serge Reggiani en 1971. Pour cause, l'auteur de cette chanson est le scénariste Jean-Loup Dabadie. Son texte est poignant. Les aveux d'un vieux séducteur, chien fou, infidèle et aventurier, venant chercher à l'automne de sa vie, au bout du rouleau, quelques réconforts et tenter une réconciliation avec celle qu'il a abandonnée dix-huit ans plus tôt. Ici, point de pardon ni d'excuses. L'amant volage revient juste chercher le repos du guerrier. Un havre de paix, « une chaise » pour poser sa souffrance avant de s'éteindre. La poésie se marie avec la cruauté. On comprend vite l'égoïsme forcené de cet Italien fatigué. Le bonheur de son ex-amour lui importe peu. Bien au contraire, il espère même qu'elle n'a pas pu refaire sa vie : « Il ne me reste qu'une chance, c'est que tu n'aies pas eu ta chance »... C'est féroce et tendrement pathétique comme les meilleures comédies italiennes. Certainement l'une des plus belles chansons du répertoire de Reggiani.

REGRETS

« Le regret est un amplificateur du désir. » Cette citation n'est pas de moi mais d'un certain Marcel Proust. Tirée d'*Albertine disparue*, l'avant-dernier tome d'*À la recherche du temps perdu*, elle aurait pu figurer dans les paroles d'une chanson inspirée. Car en matière de chansons d'amour, les regrets ont toujours été de formidables sources d'inspiration. Des « Regrets » d'Alain Souchon aux « Regrets » conjoints de Mylène Farmer et Jean-Louis Murat, qu'on les assume ou pas, qu'on les cultive ou qu'on les rejette farouchement, ils ont fait couler beaucoup d'encre et chanter nombre d'artistes. Mais rares sont les chansons où les regrets, et plus justement l'aveu de ne pas en avoir, finissent en une éclatante déclaration d'amour : « Non, rien de rien, non, je ne regrette rien, car ma vie, car mes joies, aujourd'hui, ça commence avec toi »... Cette chute comme une fenêtre ouverte sur une promesse de renouveau fait toute la force de « Non, je ne regrette rien », écrite par Michel Vaucaire et composée par Charles Dumont. Pour Édith Piaf, alors malade, déprimée et à la recherche d'un second souffle artistique, cette œuvre fut d'ailleurs synonyme de résurrection. Et pourtant on peut vraiment affirmer que cette chanson revient de loin.

5 octobre 1960. Michel Vaucaire et Charles Dumont se rendent au domicile de Madame Piaf, boulevard Lannes à Paris. Tous les créateurs de l'ombre rêvent de

voir la star interpréter une de leurs chansons. Pourtant, ce jour-là, l'accueil est tellement froid que Dumont regrette immédiatement d'être venu. La gouvernante d'Édith se confond en excuses : « Quoi ! Vous n'avez pas reçu mon télégramme ? Édith est souffrante... elle ne peut pas vous recevoir. » Avant qu'une voix éraillée provenant du fond du couloir se fasse entendre : « Puisqu'ils sont là, laisse-les entrer. » Après quarante-cinq minutes d'attente dans le vestibule, la star apparaît enfin. Fort aimable avec Vaucaire, c'est à peine si elle daigne saluer Dumont. Il faut dire que ces deux-là ne s'aiment pas beaucoup. Par deux fois, le compositeur s'est vu éconduire par Édith au motif que ses chansons, « elles étaient trop Piaf pour être Piaf ». Comprenez par là, trop peu originales pour trouver place dans son répertoire. Il avait d'ailleurs fallu toute l'insistance de son ami Vaucaire pour que le compositeur accepte finalement de se rendre à ce rendez-vous, voué selon lui à l'échec. C'est donc chargé de toutes ses pensées négatives que Dumont se mit au piano et, rageusement, exécuta (le mot n'est pas trop fort) sa chanson. À la fin, passé un silence pesant, la chanteuse visiblement émue lui demanda de la rejouer. Et à l'issue de cette seconde écoute, son verdict tomba, sans appel : « Aujourd'hui, Dumont, vous m'avez apporté une chanson qui va faire le tour du monde... »

Charles Dumont n'a jamais regretté de s'être fait violence en acceptant cette audition qui a tout simplement changé le cours de sa vie.

RUPTURE

Rien de tel qu'une bonne rupture pour écrire une bonne chanson...

Ce n'est pas le talentueux parolier Claude Lemesle qui dira le contraire. D'ailleurs, en parlant de lui, son ami et interprète de prédilection Joe Dassin déclarait : « Les gens pensent que je chante mes chagrins d'amour. En réalité, je chante ceux de mon parolier Claude Lemesle. » Des peines de cœur que ce dernier a eu le talent de transformer en magnifiques chansons populaires. Ainsi en 1972 ce petit bijou intitulé « Salut les amoureux ». Adapté de « City of New Orleans », chantée par Arlo Guthrie (les tribulations d'un train traversant les États-Unis !), le texte de « Salut les amoureux » touche par sa sincérité. Pour cause, l'auteur a vécu chacun des mots couchés sur le papier, ressenti chacune des émotions qu'il nous offre. Jusqu'à ce désormais célèbre « salut les amoureux », lancé par une passante devant le 61, rue Monge à Paris, alors que le parolier raccompagnait pour la dernière fois son épouse Valentine, à l'endroit où elle avait laissé sa voiture. Une blessure intime qui restera comme la chanson préférée de Joe Dassin.

Une chanson que Patrick Bruel aura souvent du plaisir à reprendre. Ce qui ne m'étonne guère. J'ai souvent pensé, et c'est un compliment, que sa chanson « J'te l'dis quand même » enregistrée en 1989 sur l'album *Alors regarde* avait des airs de parenté avec celle de Dassin.

Autre décor, autre café, mais même authenticité et même précision dans l'écriture. Comme au théâtre, l'auditeur se retrouve aux premières loges pour vivre cette scène de séparation. Et surtout, dans ces deux textes écrits à plus de vingt ans d'intervalle, le même sentiment douloureux de voir s'éloigner l'autre alors qu'on l'aime encore éperdument...

Autre style, autre rupture, celle-ci inspirée directement du poème de Verlaine « Chanson d'automne », la chanson « Je suis venu te dire que je m'en vais » enregistrée par Serge Gainsbourg en 1973. Les sanglots

de Jane Birkin furent pour beaucoup dans le succès de ce titre. Étaient-ils dus à une affreuse scène de ménage survenue entre les deux amants terribles ? Point du tout. La vérité est beaucoup plus touchante. Jane avait laissé le matin même sa petite Charlotte en vacances chez sa mère. Une toute première séparation qui laissait la chanteuse inconsolable. Papa certes, mais également artiste pragmatique, Serge avait vu dans ses sonores sanglots matière à enrichir l'enregistrement de sa nouvelle chanson. C'est ainsi qu'avec l'accord de sa compagne, il décida d'enregistrer et de laisser au mixage les larmes de Jane. L'histoire ne dit pas si elles se transformèrent en larmes de joie lorsque « Je suis venu te dire que je m'en vais » devint l'un des plus grands succès de Serge. Enfin à la toute fin des années 1980, Jean-Louis Aubert propose avec « Voilà c'est fini » une chanson pouvant être interprétée comme l'expression d'une double rupture : amoureuse et professionnelle. On peut en effet entendre dans ses paroles une franche allusion à la séparation du groupe Téléphone. Ce double sens possible a certainement joué dans l'engouement suscité par cette chanson qui reste l'un des plus grands succès de Jean-Louis Aubert.

S

SADO-MASO

En 1955, le génial Boris Vian écrit, avec son complice compositeur Alain Goraguer, « Fais-moi mal Johnny », le premier titre sado-maso de la chanson française. Enregistrée en 1956 par la comédienne Magali Noël, cette œuvre désopilante fut lors de sa publication censurée à la radio. Cette histoire de femme « qui aime l'amour qui fait boum », et qui fait tout ce qui est en son pouvoir pour pousser son partenaire à une sexualité plus énergique, était pour le moins d'avant-garde.

Et je ne suis pas certain qu'aujourd'hui, quelque soixante-dix ans plus tard, malgré son second degré évident, elle puisse être diffusée sans provoquer une levée de boucliers. Pourtant ce texte jubilatoire n'a rien à voir, ni de près ni de loin, avec le drame de la violence conjugale. Chez Vian, c'est la femme qui dirige les opérations. Elle n'est ni victime ni objet. C'est elle qui réclame du plaisir dans le mode de sexualité qu'elle a choisi. Et si finalement « Fais-moi mal Johnny » était une chanson féministe ? Je vous laisse réfléchir à la question et retourne écouter à tue-tête ce « Fais-moi mal » qui me fait tant de bien.

SI J'ÉTAIS UN HOMME

Fin des années 1970, Diane Tell est déjà une vedette au Québec. Très logiquement, les autorités culturelles de la Belle Province la sollicitent pour aller représenter son pays au grand concours de la chanson francophone à Spa, en Belgique. Par le passé, cette manifestation a servi de tremplin à de nombreux talents dont Alain Souchon et Yves Duteil. Diane accepte volontiers, mais à charge pour elle de trouver la chanson capable de rassembler un maximum de suffrages. Alors, du haut de ses vingt ans, la jeune artiste décide d'écrire une chanson d'amour universelle. Rien que ça ! Son titre : « Si j'étais un homme ». Son idée est de se projeter dans la peau et la tête d'un mâle dominant et d'imaginer tous les trésors de bienfaits qu'il pourrait déployer pour combler l'élue de son cœur. Une autre lecture de ce texte laisse apparaître toutes les frustrations d'une femme, mal aimée par son homme, dont elle espère et attend des attentions et des preuves d'amour… en vain. Le résultat est certes très touchant, mais le portrait dressé de l'amant idéal est d'un conventionnel achevé, pour ne pas dire un brin désuet. Ce « mec » rêvé et idéal a des airs de prince charmant, galant et chevaleresque à souhait. À tel point que, lors de sa sortie en 1980, la chanson est brocardée par de nombreux mouvements féministes québécois, s'insurgeant contre cette œuvre qui réhabilite selon eux le retour de la femme-objet. Pour l'anecdote, à l'époque où elle a enregistré sa chanson, Diane vivait une liaison avec un garçon si démuni qu'elle était obligée de subvenir à tous les besoins du couple. On comprend donc mieux son fantasme de héros protecteur un tantinet macho. Enfin, bien que « Si j'étais un homme » ait été éliminée dès le premier tour du concours à Spa, elle reste plus de quarante ans après sa création une superbe ballade sensuelle et le plus gros succès de Diane Tell à ce jour.

SLOW

Si ce début de XXIe siècle a vu le slow perdre du terrain sur les *dancefloors* hexagonaux, il a été durant une bonne cinquantaine d'années un merveilleux moyen de rapprochement. Pour « emballer », embrasser, flirter et plus si affinités, rien de tel qu'un bon vieux slow torride. Surtout l'été. Je crois d'ailleurs que cette appellation de « slow de l'été » a vu le jour en 1965, année où deux slows magistraux se disputaient le titre très envié de tube de l'été : j'ai nommé « Aline » de Christophe et « Capri c'est fini » d'Hervé Vilard (voir p. 177). Comme le slow est conçu pour favoriser les fusions corporelles, rien que de très normal à ce que le message qu'il véhicule ne soit pas forcément d'une puissance universitaire. Bien souvent une légère bluette fait l'affaire. Il est parti, elle pleure… ou vice versa, tous les scénarii sont envisageables. J'aimerais toutefois ici revenir sur quelques slows de l'été, sur lesquels on a dansé amoureusement et qui, à bien les écouter, n'avaient vraiment rien des ballades langoureuses habituelles.

Été 1982, les radios diffusent à tour de bras « Louise » de Gérard Berliner. L'histoire d'une pauvre servante dont l'amoureux est parti mourir à la Grande Guerre. Le texte de Frank Thomas est d'une rare poésie mais je ne suis pas certain que tous les amoureux qui se sont frottés sur cette chanson aient bien perçu le sens des paroles. Lorsque Berliner déclame « un soir d'hiver sous la charpente, dans son lit-cage elle a tué l'amour tout au fond de son ventre, par une aiguille à tricoter », il ne s'agit rien de moins que de l'évocation très imagée d'un avortement. Et dire que des gens se sont joyeusement reproduits en s'accouplant sur de tels propos… !

Presque dix années plus tôt, à l'été 1971, la voix de Joan Baez résonnait un peu partout avec sa chanson « Here's to You ». Composée par Ennio Morricone dans la bande originale du film *Sacco et Vanzetti* de Giuliano Montaldo, elle racontait le calvaire et l'exécution de deux anarchistes italiens condamnés à tort et sacrifiés sur la chaise électrique dans l'Amérique des années 1920. Thème certes peu sexy qui favorisa tout de même quelques coups de foudre. Enfin, je garde un souvenir médusé et amusé de l'un des gros tubes de l'été 1988. Interprétée et composée par Phil Barney, « Un enfant de toi » racontait l'histoire d'une femme mourant en mettant son enfant au monde. À côté, « Les Roses blanches » de Berthe Sylva et autres chansons lacrymales faisaient figure de vastes plaisanteries.

Et pourtant, en dansant sur cette chanson superbement mortifère, des milliers d'amoureux ont dû se promettre de s'aimer pour la vie.

SOLITUDE

Gilbert Bécaud, sur un texte de Pierre Delanoë, chantait en 1970 que la solitude n'existait pas. Beaucoup de gens ont pris cette chanson au premier degré.

C'était déjà cette atroce solitude contemporaine que l'auteur et son interprète tentaient avec humour de dénoncer. Grâce à des fulgurances telles que « Non ce n'est pas fait pour les chiens le Club Méditerranée », cette chanson mettait en exergue une illusion d'humanité et d'amour que seuls les plus argentés pouvaient s'offrir. En 1988, avec « Ultra moderne solitude », Alain Souchon enfonce le clou. Ce titre est peut-être l'un des plus désespérés de l'artiste. Son stylo se transforme en scalpel et le monde qu'il nous donne à méditer n'est pas des plus joyeux. Cette solitude amoureuse est un sentiment qui de tout temps a été source d'inspiration. C'est elle qui a offert à Françoise Hardy son tout premier et énorme succès. « Tous les garçons et les filles », ou les tribulations d'une très belle artiste qui, malgré un physique avantageux, reste esseulée comme une âme en peine. À noter que le scopitone (l'ancêtre du clip) de cette œuvre devenue culte a été tourné par un cinéaste débutant nommé Claude Lelouch. Toujours dans les années 1960, la solitude a offert à Barbara (« La Solitude », 1965) et Georges Moustaki (« Ma solitude », 1967) parmi leurs plus beaux textes. En ce qui concerne la « longue dame brune » (c'est ainsi que l'avait baptisée Moustaki), elle reste certainement celle qui a su faire de ses sentiments les plus douloureux (la solitude, le mal de vivre, la mélancolie) ses plus belles créations. En ce qui concerne « le métèque », il est amusant de noter qu'il s'approprie la solitude. Il la fait sienne, alors qu'initialement cette chanson a été écrite pour Serge Reggiani. C'est du reste ce dernier qui l'enregistra en premier. Au passage du nouveau millénaire, en l'an 2000, ce sentiment décidément bien inspirant va offrir au Canadien Garou son premier succès en France. Porté par le succès de la comédie musicale *Notre-Dame de Paris* où il incarnait le personnage de Quasimodo, l'artiste a l'occasion d'enregistrer un premier album. Avec « Seul », chanson écrite par Romano Musumarra et Luc Plamondon, et proposée initialement à Johnny Hallyday, il s'aperçoit qu'il ne l'est pas tant que ça. Des fans par milliers s'arrachent son album et font de lui une des valeurs sûres de la nouvelle scène française.

Enfin, restons chez nos cousins québécois pour évoquer ce que je considère comme l'hymne de la solitude : « On dort les uns contre les autres, on vit les uns avec les autres… mais au bout du compte, on se rend compte qu'on est toujours tout seuls au monde. » L'histoire de la chanson « Les Uns contre les autres », composée par Michel Berger et écrite par Luc Plamondon (décidément inspiré par ce thème), extraite de l'opéra rock *Starmania*, ressemble à celle de ces patates chaudes que l'on se hâte de passer à son voisin de peur de se brûler les doigts. Pour être clair, dire que les interprètes potentiels ne se pressaient pas pour enregistrer cette chanson est un euphémisme. Lors de l'enregistrement de l'album, les auteurs pensent initialement confier ce titre à Diane Dufresne. Mais la star adorant incarner des personnages déchirés et tourmentés ne se reconnaît pas dans ce texte trop simple pour elle. Son verdict tombe : « Votre slow, vous pouvez vous le garder ! » Claude Dubois renonce à son tour, Nanette Workman et Daniel Balavoine ne correspondent pas au rôle… Les jours passent et « Les Uns contre les autres » reste sans interprète. Au dernier jour de studio, tous les artistes sont partis, seule Fabienne Thibeault, épuisée, s'est endormie au pied de la console. Dans un demi-sommeil, elle entend l'embarras de Berger et Plamondon. Sortant des bras de Morphée, juste pour leur être agréable, elle leur déclare entre deux bâillements : « Je veux bien vous la chanter, votre chanson… » Sa gentillesse sera récompensée. Elle enregistre cette nuit-là son premier grand succès et le premier extrait discographique de *Starmania*, qui après cinquante ans n'a pas pris une ride.

SOUFFRANCE

La souffrance fait partie du risque amoureux. Il est donc tout à fait logique qu'on la retrouve en chansons. De la douce souffrance à la douleur qui amène à commettre l'irréparable, notons tout de suite qu'il existe des degrés. Le « fou d'amour » incarné par Johnny Hallyday dans son « Requiem pour un fou » a de quoi faire frémir. Cette chanson écrite par Gilles Thibaut et composée par Gérard Layani est structurée comme un fait divers. Elle raconte l'histoire d'un mari trompé prêt à tuer par dépit celle qu'il a aimée. Il fallait tout le talent et toute la sincérité de Johnny pour l'interpréter sans jamais tomber dans la caricature ou le ridicule. Quelque cinquante après sa création, elle n'en finit pas d'être reprise et reste l'une des chansons incontournables de la star.

Le « Souffrir par toi n'est pas souffrir » écrit par Étienne Roda-Gil en 1975 pour Julien Clerc donne à écouter une tout autre souffrance. Certes plus retenue et moins théâtrale mais tout aussi réelle. Cette chanson est parue dans l'opus baptisé *N° 7*, album sombre, tout entier dédié à la séparation. Julien Clerc ne se remet pas de sa rupture d'avec France Gall. Alors, son historique parolier, « son » Étienne va trouver les mots qu'il faut pour chanter sa douleur. Mais même avec des flamboyances telles que « Moi qui entassais des souvenirs par paresse, ce sont tes vieux chandails que je caresse », la belle France ne reviendra pas.

Enfin, souffrance beaucoup plus violente et affirmée que celle de Gérald de Palmas dans « J'en rêve encore ». Nous sommes en 2000. Après un premier succès avec son « J'étais sur la route », le deuxième disque de Gérald est un échec commercial. Démoralisé, l'auteur-compositeur perd confiance en lui. S'il accouche encore de quelques mélodies acceptables à ses yeux, il bloque totalement au niveau des textes. Totalement « sec », il se décide à demander de l'aide. Pas à n'importe qui. Jean-Jacques Goldman le reçoit, l'écoute et choisit parmi ses nouvelles compositions celle qui l'inspire le plus. Mais pour De Palmas, le plus difficile reste à venir. Lorsque Jean-Jacques veut lui rendre sa copie, Gérald est tétanisé. Et si son texte ne lui plaisait pas ? Comment dire non au grand Goldman ? Comment pourrait-il vivre un tel refus ? Autant de situations cauchemardesques qui n'auront pas lieu d'être. Dès la première écoute, dès la lecture des premiers mots, De Palmas comprend qu'il a frappé à la bonne porte. « J'en rêve encore » est une réussite. Cette histoire d'amoureux éconduit, crevant d'imaginer celle qu'il aime faisant l'amour avec un autre, « son corps à lui dans ton corps, j'en crève encore », lui va comme un costume taillé sur mesure. Alors, réparé par sa collaboration avec le docteur Jean-Jacques, Gérald pourra repartir à l'assaut des charts et des hit-parades.

SUCETTES

Il fallait tout le talent – et tout le cynisme – de Serge Gainsbourg pour oser écrire et faire chanter à une gamine nommée France Gall une chanson aussi sulfureuse que « Les Sucettes ». Nous sommes en 1966. Un an auparavant, la candide et ravissante jeune fille a triomphé au concours Eurovision de la chanson grâce à « Poupée de cire, poupée de son » signée déjà par son nouveau mentor. Si on écoute bien les paroles, le portrait de cette poupée-là n'était pas des plus flatteurs. Avec ses sucettes et leur goût anisé, Serge va plus loin. Avec finesse. Au premier degré de lecture, cette chanson ne parle que de friandises, sucrées à souhait, dont une certaine Annie raffole. À y regarder de plus près (si j'ose dire), ce texte ciselé ne décrit rien d'autre qu'une fellation.

La délicate allusion au « sucre d'orge qui coule dans la gorge d'Annie » ne laisse pas beaucoup de place au doute. Le tout chanté avec beaucoup d'application et de naïveté par une France Gall qui, à l'époque, n'avait visiblement rien compris à l'énormité de la chose. C'est là où la plaisanterie devient cruelle. Contrairement à Lio, qui, une décennie plus tard, assurera avoir bien pris note et connaissance de la recette de son « Banana Split », France, elle, n'a réalisé que plus tard combien elle avait été utilisée. Et ridiculisée.

À l'éditeur Philippe Constantin, qui en 1968 l'interrogeait sur ce douloureux dossier, elle répondait : « Je l'ai enregistré très très très naïvement. Pendant que le disque sortait à Paris, je chantais au Japon. Et lorsque je suis revenue... je n'osais plus sortir de chez moi. Plus faire de radio, plus faire de télé. »

Quelque dix ans plus tard, France Gall enfin heureuse, revenue au sommet grâce à des tubes signés par un certain Michel Berger, commentera avec élégance et humour sur cet épisode. Le 30 mars 1976, sur France Inter, dans l'émission À vos souhaits, à la question « Que pense France de ses anciens succès tels que "Charlemagne" ou "Les Sucettes" ? », elle répondra avec beaucoup d'esprit : « Ce n'est plus de mon âge, Charlemagne en tout cas. »

T

TÉLÉPHONE

Bien avant l'avènement du portable, déjà au temps préhistorique du filaire, l'invention de Graham Bell fut souvent mise en scène – et en ondes – dans de nombreuses chansons d'amour. Ainsi, en 1974, Claude François connaît avec « Le téléphone pleure » l'un de ses plus gros succès. On doit l'idée de cette œuvre lacrymale au regretté Jean-Pierre Bourtayre. Compositeur à succès et directeur artistique de Cloclo, il a quelques jours plus tôt versé sa petite larme en allant voir au cinéma le film *L'Épouvantail* de Jerry Schatzberg. Le héros, Al Pacino, sorte de vagabond ayant fui son foyer depuis de nombreuses années, finit un jour par téléphoner chez lui. Une petite fille dont il ignore l'existence (vraisemblablement la sienne) décroche sans savoir qu'au bout du fil, c'est la voix de son papa… Une scène propre à faire sangloter le plus insensible des bouchers. Et qui ne laisse pas de marbre Claude François. Voilà enfin une magnifique idée de chanson dont il trouve immédiatement le titre : « Le téléphone pleure ». Pour écrire le texte, il demande à Frank Thomas de se mettre au travail pendant que Bourtayre peaufine une des mélodies à succès dont il a le secret.

À l'arrivée, un duo parlé-chanté entre un père et sa fillette. C'est là que les choses se compliquent… Encore faut-il trouver la gamine capable d'incarner le rôle. Chez Flèche, la maison de disques du chanteur, un casting est organisé et sont auditionnées des dizaines de petites comédiennes, trop appliquées ou trop « petits singes savants ». Pas une n'a le naturel et la fraîcheur qu'espère le chanteur. Une fin de journée, épuisé et passablement découragé, Cloclo a soudain une fulgurance. Sa fidèle collaboratrice, Nicole Gruyer, n'a-t-elle pas une petite fille de cinq ans, belle comme un cœur, prénommée Frédérique ? Dès la première prise en studio, le chanteur sait qu'il a enfin trouvé sa partenaire. Et quelque cinquante ans plus tard, la petite Frédérique Barkoff, devenue maman à son tour, n'a toujours pas raccroché, puisqu'elle travaille aujourd'hui… comme directrice de casting. La boucle est bouclée.

Outre-Atlantique, le téléphone (*the phone*, in english) a aussi généré de grands succès. Ainsi en 1984 « I Just Called to Say I Love You » de Stevie Wonder, adaptée fidèlement par Dalida en « Je t'appelle pour te dire je t'aime ». Dans sa version originale, Stevie explique simplement qu'il n'est pas nécessaire d'attendre une date ou un événement spécifique pour appeler ceux qui nous sont chers et leur dire qu'on les aime. Message simple certes, un peu téléphoné mais terriblement efficace, puisque ce single reste à ce jour le plus vendu de toute la carrière de la star. Enfin, impossible de parler d'amour au téléphone sans évoquer en 1975 « Téléphone-moi », chanson écrite par Pierre-André Dousset, composée par Christian Gaubert et magistralement interprétée par Nicole Croisille. Comédienne, égérie des films de Claude Lelouch, danseuse, après avoir chanté du jazz et connu le succès sous le nom de Tuesday Jackson (pseudonyme anglo-saxon pour faire plus crédible), l'artiste reprend son nom de baptême et chante dans les années 1970 les émois et les préoccupations de la femme de plus de quarante ans. Ainsi ce cri poignant, ce « téléphone-moi » résonnant comme un appel au secours à son amant lancé par la femme qui s'ennuie sévèrement mais n'ose pas quitter son mari. La malheureuse n'en peut plus et espère la sonnerie salvatrice comme on attend le Messie. Le mari trompé, lui, ne se doute de rien, et au fil des paroles on se prend presque à avoir de l'empathie pour ce cocu sympathique, dont le destin amoureux ne tient plus qu'à un fil… celui du téléphone !

TEMPS (LE)

Véronique Sanson a chanté à propos du temps qu'il était assassin. Il semble avéré, à écouter certaines chansons, que ce soit un tue-l'amour. Lorsque Alain Souchon propose de passer notre amour à la machine pour « voir si les couleurs d'origine peuvent revenir »… on a déjà tout vu et l'on se doute bien du résultat ! Comme dit le vieil adage, « le plus dur, c'est de durer ».

Ainsi, passé la première nuit d'amour, Bénabar dans sa réjouissante composition « Vade retro téléphone » prescrit un délai raisonnable de trois jours avant de redonner signe de vie à la nouvelle conquête. Même et surtout si l'on meurt d'envie de la revoir sur-le-champ... Au rayon des nouveaux chanteurs de charme, Amir s'est imposé depuis dix ans comme une valeur sûre. Et il voudrait « que ça dure longtemps ». Son succès bien évidemment, mais surtout la belle histoire qui l'enchaîne à l'élue de son cœur. Là encore, c'est le temps qui fait la chanson. Mais fort heureusement, il n'est pas toujours mortifère. Ainsi lorsque Michel Sardou chante « Les Vieux Mariés », on ne peut qu'être attendris par ce couple soudé par le poids des années, se décidant à l'automne de sa vie à revivre une lune de miel. L'idée de cette chanson est venue à l'auteur Pierre Delanoë à la suite d'une grosse dispute avec Jacques Brel. Il reprochait au grand Jacques d'avoir, dans sa chanson « Les Vieux », brossé le portrait d'un troisième âge sinistre et déprimant. Selon lui, les « amours seniors » méritaient un autre regard, une autre mise en mots. Il écrivit donc un texte plein de tendresse et d'espoir, l'intitula « Les Vieux Mariés » et le proposa à Gilbert Bécaud. Sans succès. Monsieur 100 000 volts avait une telle peur de la vieillesse que ces vieux mariés là ne trouvèrent jamais asile dans son répertoire. C'est seulement dix ans plus tard que ces « de plus en plus vieux mariés » rencontrèrent enfin leur interprète. Alors qu'il déjeunait à Megève avec Michel Sardou,

Delanoë lui raconta toute l'histoire. Son « engueulade » avec Brel, le refus de Bécaud… et ses vieux mariés croupissant dans un mouroir-tiroir. En ne conservant que l'idée et le titre, Sardou accoucha le jour même d'une nouvelle version qui devint le succès que l'on connaît.

Enfin, il est intéressant de noter que, quatre ans après avoir enregistré « Les Vieux », Brel écrira en 1967 (mise en musique par Gérard Jouannest) « La Chanson des vieux amants ». Un tableau réaliste et poétique sur la durabilité du couple. De toute évidence, une inspiration beaucoup plus porteuse d'espoir que ses bouleversants « Vieux ». À se demander sincèrement si « les reproches » osés par Delanoë n'avaient pas fini par guider vers cette œuvre la plume du grand Jacques.

TI AMO

Petite leçon d'italien pour les nuls : *Ti amo* signifie « je t'aime » en français.

C'est aussi le titre d'une chanson écrite, composée et enregistrée par l'artiste italien Umberto Tozzi en 1977. Elle mériterait de figurer dans le *Guinness Book* des records. Non pour le chiffre impressionnant de disques vendus et de reprises (notamment au cinéma), mais pour le nombre de fois où la voix éraillée du bel Umberto vient nous susurrer puis nous hurler à l'oreille son amour. En quelque trois minutes et trente secondes, son « *Ti amo* » est prononcé pas moins de cinquante-sept fois. Je les ai comptés. Sans le contrôle d'un huissier certes, mais avec tout le sérieux qu'exige une telle entreprise. Cinquante-sept « je t'aime » en trois minutes trente… ce n'est plus de l'amour, c'est de la rage.

TROUPLE

Si le mot est nouveau, la situation amoureuse, elle, ne l'est pas. Le ménage à trois a toujours existé et les chansons qui l'évoquent sont nombreuses, et pas forcément récentes.

Ainsi « Le Tourbillon de la vie » rendu célèbre par le film *Jules et Jim* en 1962.

Cette chanson écrite et composée par Serge Rezvani en 1957 n'était pas destinée à être publiée. C'était une tendre charge, une « petite chose » dédiée par Rezvani à son amie Jeanne Moreau qui variait souvent dans le choix de ses fiancés. Une chanson, donc, que seul le cercle des amis de Jeanne connaissait. Dont un certain François Truffaut. Qui tout naturellement demanda à Rezvani le droit d'inclure ce titre, qui tombait à point nommé, dans la bande originale de son long métrage *Jules et Jim*. Pour tenter de garder la quiétude de l'anonymat, Rezvani, artiste aux multiples talents, exigea juste de prendre un pseudonyme. C'est donc sous le nom de

Cyrus Bassiak (ce qui signifie va-nu-pieds, vagabond, en russe) qu'il est crédité au générique.

Aujourd'hui âgé de quatre-vingt-seize ans, il résiste toujours et encore aux épreuves et au tourbillon de sa propre vie.

Autre trouple, celui popularisé à l'été 2019 par le collectif Bon Entendeur. Sous cette appellation se cachent trois instrumentistes fous de son et de musique électronique, connus pour remettre au goût du jour des chansons plus ou moins oubliées. Ainsi, « Le Temps est bon » enregistrée en 1971 par Isabelle Pierre est devenue un énorme tube au Québec. Cette chanson, à l'origine, avait été composée et écrite par Stéphane Venne pour le film québécois *Les Mâles* de Gilles Carle. L'histoire d'une passion amoureuse entre une femme et deux hommes.

D'où les paroles : « Le temps est bon, le ciel est bleu, j'ai deux amis qui sont aussi mes amoureux… » Malgré sa popularité chez nos cousins de la Belle Province, cette chanson ne débarqua pas chez nous. Jusqu'à ce que les trois archéologues de Bon Entendeur, fouillant sans cesse le patrimoine musical francophone en quête de pépites à exhumer, tombent sur cette chanson post-soixante-huitarde, véritable hymne à la libération sexuelle, à la bigamie, au couple à trois, à ce trouple dont le nom n'existait pas encore.

U

UN HOMME ET UNE FEMME

Deauville sous la pluie (un pléonasme). On a tous en mémoire un Jean-Louis Trintignant fonçant pied au plancher, au volant de sa Ford Mustang, retrouver son Anouk Aimée. On a tous en mémoire la bande originale (signée Francis Lai) de ce film mythique réalisé par Claude Lelouch. On a tous repris en chœur les « dabadabada » interprétés par Nicole Croisille et Pierre Barouh. On a tous vu ou revu les images de ce palmarès du Festival de Cannes 1966, présentant un Lelouch ému, engoncé dans son smoking, brandissant tel un trophée sa Palme d'or. Cette œuvre du septième art fait aujourd'hui tellement partie intégrante de notre patrimoine culturel que l'on a du mal à imaginer qu'elle a bien failli ne jamais voir le jour.

Retour en 1966. Claude Lelouch est un jeune homme pressé.

Il a fait ses classes en tournant quelques scopitones (l'ancêtre du clip, rappelons-le). On lui doit notamment celui de « Belles, belles, belles » mettant en scène un Claude François se trémoussant dans la neige, ou celui de la belle Françoise Hardy chantant « Tous les garçons et les filles », frigorifiée sur une balançoire. Mais pour l'heure, Claude s'est lancé dans la réalisation d'un long métrage. Un projet qu'il porte à bout de bras et qu'il pressent comme important. Avec *Un homme et une femme*, il veut raconter « une histoire d'amour comme il y en a dans la vie et non comme il y en a au cinéma ». Et dans la vraie vie, les réalités économiques s'imposent parfois brutalement : en plein milieu du film, le tournage doit s'interrompre faute de moyens.

Il faut absolument trouver un apport financier dans les plus brefs délais. Francis Lai et Pierre Barouh ont déjà enregistré ce qui deviendra la bande-son du film. Ils proposent généreusement à Lelouch d'en céder les droits d'édition à un quelconque producteur musical contre une avance financière qui permettrait d'achever le film. À l'époque, tous les décideurs de l'industrie du disque restent sourds. Leurs « dabadabada » n'intéressent personne. Fort heureusement, sur visionnage des rushs, un producteur québécois se laisse convaincre et finance la fin du tournage. C'est ce que l'on appelle un judicieux investissement. Quelque soixante ans après la première projection, le film et la chanson « Un homme et une femme » n'en finissent pas de faire le tour du monde. Enfin, grâce aux substantiels droits d'auteur engendrés, le regretté Pierre Barouh avait monté Saravah, une société de production qui aura le mérite de mettre le pied à l'étrier à de nombreux artistes jusqu'alors inconnus. C'est ainsi que Maurane ou Jacques Higelin, un homme et une femme de talent, rencontreront leur premier public.

V

VÉLO

En anglais, vélo se dit *bicycle*.

L'idée de la chanson « Bicycle Race » serait venue à Freddie Mercury le 19 juillet 1978. Ce jour-là, le groupe Queen a pris ses quartiers d'été à Montreux pour participer à son célèbre festival et y enregistrer quelques chansons du prochain album baptisé *Jazz*. Tandis qu'elle passe sous les fenêtres de son hôtel, Freddie est subjugué par la caravane du Tour de France. En effet, la dix-huitième étape du Tour reliant Morzine à Lausanne a l'excellente idée de traverser Montreux. Certes, Freddie n'écrit pas avec « Bicycle Race » une chanson d'amour, mais l'idée d'immortaliser cette étape du Tour trouverait son origine dans une liaison amoureuse que la star aurait eue avec l'un des coureurs…

En français, vélo se dit aussi bicyclette.

L'idée de cette chanson serait venue à Pierre Barouh, son auteur, à la suite d'une sollicitation publicitaire. Nous sommes en 1963 et la « réclame » a encore un parfum douteux. Si Pierre refuse tout net de prêter sa plume à un grand marchand de cycles, il griffonne un texte sur ses années d'adolescence, pendant l'Occupation, où, caché comme beaucoup d'autres gamins juifs dans le bocage vendéen, il partait, à bicyclette, promener ses rêves et ses premières amours au grand air. Plutôt satisfait du résultat, il demande à son ami Francis Lai de mettre ses mots en musique. Une grande chanson est née, mais cette bicyclette va devoir attendre quelques années avant de rouler vers les sommets de la gloire. 1968, juste avant les événements du mois de mai, Montand cherche fébrilement à renouveler son répertoire. Invité à dîner chez Simone Signoret et Yves, Barouh, auréolé d'un succès planétaire avec « Un homme et une femme », évoque cette chanson qui dort dans les tiroirs. Le temps de la ressortir du garage et « À bicyclette » vient de trouver son interprète. Montand y ajoutera même sa touche personnelle en inversant les mots du dernier vers : « Seul un instant avec Paulette » écrit à l'origine par Pierre Barouh deviendra dans la bouche de l'artiste « un seul instant avec Paulette ». Cette increvable bicyclette a tellement bien roulé qu'elle est entrée depuis dans la mémoire collective.

VILLE

Lorsque l'on est amoureux, on rêve d'évasion et de dépaysement. Pour peu que l'on ait trois sous en poche et que l'on ne soit pas le dernier des avaricieux, dans la vie comme dans les chansons, on fait avec l'élu(e) de son cœur des projets de voyage vers des destinations enchanteresses. Allez savoir pourquoi, certaines villes ont plus la cote que d'autres... S'il n'existe, à ma connaissance, pas beaucoup de chansons d'amour dédiées à Mantes-la-Jolie, Le Creusot ou Jouy-en-Josas, la destination qui a sans conteste le plus inspiré les paroliers reste l'Italie. Charles Aznavour s'y est rendu à deux reprises : dans les années 1960, avec « Que c'est triste Venise », triste constat des amours finissantes signé Françoise Dorin et quelque dix ans plus tard, pour « Nous irons à Vérone », une fausse invitation à marcher dans les pas de Roméo et Juliette.

En 1984, sur son album *La Notte, la notte*, Étienne Daho nous conviait à un « Week-end à Rome ». J'ai toujours pensé que cette chanson avait ensoleillé la carrière de son auteur. Ce n'est pas totalement exact. En 2015, à l'occasion de la sortie d'un best of, l'artiste déclarait sur RTL ne pas aimer particulièrement cette chanson : « Ce n'est pas une de mes meilleures chansons. Ce n'est pas un de mes plus grands succès, j'ai des chansons qui ont mieux marché que ça. »

De la capitale italienne à la baie de Naples, rien de tel qu'un petit voyage en vaporetto pour se retrouver en 1965 sur l'île de Capri avec un Hervé Vilard encore inconnu.

Enfant de l'Assistance publique, le petit René (le vrai prénom d'Hervé) n'a qu'un rêve : devenir chanteur. Les chansons que lui propose alors d'enregistrer sa maison de disques sont souvent celles dont Claude François et les autres vedettes du moment n'ont pas voulu. Alors, n'écoutant que son instinct, bien qu'il n'ait aucune expérience dans ce domaine, Hervé décide de prendre sa vie en main et d'écrire son propre répertoire.

Ce matin-là, les couloirs du métro parisien sont tapissés d'affiches publicitaires vantant les bienfaits de vacances à Capri. Hervé a ce jour-là en tête un refrain de Charles Aznavour où les mots « c'est fini » se répètent à l'envi. « Capri-c'est fini », il lui suffit d'associer ses deux pensées pour accoucher d'un refrain qui va changer son destin.

N'ayant que des connaissances musicales sommaires et pas d'instruments sous la main, pour écrire son texte, Hervé va « emprunter » la musique de « Ne me quitte pas ». Vous pouvez, chez vous, faire l'essai : le texte de « Capri c'est fini » se chante parfaitement sur la mélodie de Brel.

Le temps pour le jeune homme de composer une mélodie originale sur un clavier de fortune, dans sa modeste chambre sous les toits, et le voilà paré de sa première vraie chanson. Le directeur artistique de la maison Philips ne l'entend pas de cette oreille. L'aventure de Capri n'est pas loin d'être finie avant même d'avoir commencé… Cette chanson, si on la garde, est au mieux la quatrième d'un 45 tours quatre titres !

Voilà bientôt soixante ans que ce tube inoxydable et son interprète n'en finissent pas de faire le tour du monde. Où qu'il se produise, Hervé Vilard ne peut envisager de sortir de scène sans interpréter « Capri » qui est bien loin d'être finie…

VOITURE

La voiture, depuis sa création, est également un moyen de transport… amoureux. Nombreuses sont les chansons à avoir choisi l'habitacle d'une automobile pour mettre en scène et en musique les ébats les plus divers. Des plus sages aux plus osés, du petit flirt au passage à l'acte, l'inconfort de la banquette arrière n'en a pas moins alimenté l'inspiration des auteurs et des compositeurs. Déjà en 1961, Frankie Jordan (de son vrai nom Claude Benzaquen) tentait de faire le coup de la panne à une Sylvie Vartan encore débutante. Claude, avant de devenir l'un des dentistes les plus réputés de la place de Paris, avait connu une petite notoriété du temps des yéyés. À l'origine, il devait interpréter une chanson, « Panne d'essence », en duo avec Gillian Hills, mannequin vedette qui finit par lui poser un lapin. Eddie Vartan, musicien producteur et frère de Sylvie, propose alors, pour dépanner, les services de sa jeune sœur encore lycéenne. Trop contente de sécher un cours de mathématiques, l'adolescente se rend en studio et enregistre, sans envisager une seconde de pouvoir faire carrière. Le succès est tel, quatre cent mille disques 45 tours vendus en un mois, que cette panne va la conduire, pied au plancher, sur l'autoroute du succès.

Vingt-cinq années plus tard, c'est dans une confortable Chrysler que le Jim d'Alain Souchon promène ses peines de cœur. Le temps d'un travelling sur la corniche, cette chanson écrite comme un court métrage met en scène tout le désarroi d'un amoureux éconduit. Comme souvent dans l'univers de l'artiste, la tristesse et la dérision se croisent avec bonheur. Composée par son complice Laurent Voulzy, cette ballade a donné lieu à l'une des rares querelles opposant les deux amis. Rien de très grave.

Un de ces petits détails auxquels seuls les vrais perfectionnistes donnent de l'importance. Dans son texte d'origine, Alain tenait à ce que Jim pleure « sur le cuir rouge de sa Chrysler ». Et musicalement Laurent pensait que « le cuir de la Chrysler », sans précision de couleur, « ça sonnait mieux ». Je vous le disais, pas de quoi voir rouge... Alain finit par s'incliner et Jim continue à se balader dans ses concerts...

La « Benz » de Suprême NTM, elle, n'emprunte pas les chemins de traverse. Nul besoin de visionner le clip sorti en 1998 (à l'époque interdit de diffusion à la télévision avant 22 heures car jugé par le CSA comme « participant à la dégradation de l'image de la femme ») pour comprendre qu'il ne s'agit pas d'une invitation à une promenade bucolique dans une voiture de luxe. Les intentions de JoeyStarr et de son complice Kool Shen sont on ne peut plus explicites. Et la reprise de ce titre près de dix ans plus tard par le duo Brigitte n'en est que plus étonnante. Sylvie Hoarau et Aurélie Saada, tout en respectant le texte initial à la lettre, apportent une sensualité et un second degré qui donnent à cette « Benz » des allures de taxi pour le septième ciel.

Enfin, comment achever ce rapide tour d'horizon des amours motorisées, sans évoquer « Virages », le premier succès d'Yves Duteil, en 1972 ? Un véritable tournant dans la vie et dans la carrière de l'artiste.

Frédéric Botton, auteur-compositeur de talent (on lui doit entre autres « La Grande Zoa » de Régine), est le premier à croire en cette chanson. D'ailleurs, lorsque Yves la lui montre, elle n'est pas encore terminée.

Non seulement Botton le pousse à finir son ouvrage, mais il va même jusqu'à casser sa tirelire pour produire le disque.

Grâce à ce premier enregistrement, nombre d'auditeurs dont votre serviteur ont le bonheur, par radio interposée, de tomber sous le charme de ce nouvel auteur-compositeur-interprète. Ce huis clos, sur fond de route sinueuse à la nuit tombée, est une merveilleuse déclaration d'amour. « Dans chacun des gestes de la vie je t'aimerai aussi », chante le poète.

Plus de cinquante ans après ce premier disque, après avoir négocié plusieurs virages de la vie, le public d'Yves Duteil l'aime encore et toujours.

W

WHEN A MAN LOVES A WOMAN

Percy Sledge avait les dents du bonheur mais pas le sens des affaires. La meilleure preuve en est la manière avec laquelle il a géré le succès de son plus gros tube, « When a Man Loves a Woman ». En bon français, « Lorsqu'un homme aime une femme ». Cette chanson est née, comme son interprète, en Alabama. Dans cet État ségrégationniste, le petit Percy s'illustre en chantant. À l'église de son enfance, adolescent dans les champs de coton, à l'hôpital où, devenu aide-soignant et père de douze enfants, il tente de gagner sa vie. Partout son organe fait merveille. Sa voix ne peut laisser indifférent. Bénéficiant d'un bon bouche-à-oreille (l'ancêtre du buzz), il se voit proposer en 1965 de remplacer le chanteur d'un groupe dénommé The Esquires. Sa compagne vient de le plaquer, il a été congédié d'un énième petit boulot… N'ayant plus rien à perdre, il accepte la proposition. Un soir sur scène, désespéré et vraisemblablement un peu éméché, il se lance dans une improvisation qui séduit tout le monde. Ses musiciens le suivent comme ils peuvent. L'artiste laisse chanter son chagrin et crée ce soir-là l'ébauche de « When a Man Loves a Woman ». Un texte simple et bouleversant, une voix éraillée, comme cabossée par la souffrance, une mélodie entêtante, toutes les planètes sont alignées. Le producteur Quin Ivy, fou de soul music, décèle très vite le potentiel de ce morceau et décide de l'enregistrer. Une fois le titre « en boîte », Percy Sledge va prendre, comme le révélait Jean-Yves Dana dans le journal *La Croix* (le 15 avril 2015), la plus mauvaise décision de sa vie : offrir la paternité de cette chanson improvisée, selon lui tombée du ciel, aux deux musiciens qui l'accompagnaient alors sur scène (Calvin Lewis et Andrew Wright). Une manne de droits d'auteur offerte sur un plateau d'argent à ses deux complices qui n'en demandaient pas tant. Reprise entre autres par Bette Midler, Michael Bolton ou Oliver Stone dans son film *Platoon*, cette improvisation d'un soir est devenue un standard. Décédé en 2015, Percy Sledge chantera jusqu'à son dernier souffle mais aucune autre de ses créations ne connaîtra le rayonnement de « When a Man Loves a Woman ».

WOMAN IN LOVE

Nous sommes au tout début des années 1980. Barry, Robin et Maurice Gibb, plus connus sous le nom de Bee Gees, sont beaucoup plus qu'un groupe à succès. Depuis leur plus jeune âge, ces trois frangins surdoués ont révolutionné la notion d'harmonie vocale. Comme compositeurs, ils ne se débrouillent pas mal non plus. Avec des succès tels que « Massachusetts » ou « I Started a Joke », ils ont prouvé qu'ils pouvaient entrer dans la cour des grands. Mais après avoir composé la bande originale du film *Saturday Night Fever*, ils sont devenus, à la fin des années 1970, de véritables dieux vivants. Stars planétaires, phénomènes de société, tous les superlatifs sont de sortie. Ils collectionnent les disques d'or comme d'autres les porte-clés. Pris dans le cercle vertueux du succès, ils se voient sollicités de toutes parts.

De nombreuses et nombreux interprètes, à la recherche d'un second souffle – et pourquoi pas d'un petit tube de derrière les fagots –, viennent sonner à leur porte. La grande Barbra Streisand *herself* veut leur passer commande. Ce sera *Guilty* (*in french*, coupable), le vingt-deuxième album studio de la dame. Tiré à plus de vingt millions d'exemplaires, il reste à ce jour son disque le plus vendu. Et parmi toutes les chansons enregistrées sur cet opus, « Woman in Love » (composée par Barry et Robin) a fait le tour du monde. Streisand offre à ce titre tout son talent et une magistrale interprétation. Barry Gibb, outre la composition, s'implique totalement dans la réalisation de l'album. Jusqu'à la photo de la pochette où il pose avec Barbra, tous les deux tendrement enlacés. La *woman* était-elle vraiment *in love* ? L'histoire ne le dit pas… et cela ne nous regarde pas !

À noter enfin l'adaptation française (signée Eddy Marnay) enregistrée par Mireille Mathieu avec pour titre « Une femme amoureuse ». Mais là, sur la pochette, notre Mimi nationale ne pose amoureusement avec personne.

X

XÉNOPHOBIE

Certains auteurs ont réussi à écrire de vraies chansons d'amour tout en luttant contre la xénophobie et toutes les autres formes de racisme. Ainsi la « Lily » de Pierre Perret enregistrée en 1977 sur l'album éponyme. Connu pour des chansons plus rabelaisiennes, le poète nous offre ici un magnifique hymne à l'amour et à la tolérance. Lily, fraîchement « arrivée des Somalies », va sous sa plume se retrouver, sans jamais se renier, confrontée à toutes les formes de racisme ordinaire. Pour achever sa chanson, Perret souhaite à son héroïne de rencontrer un « type bien » avant de conclure par ces mots : « Et l'enfant qui naîtra un jour aura la couleur de l'amour, contre laquelle on ne peut rien. » Il faut beaucoup de talent pour écrire une chanson positive et porteuse d'amour universel en partant d'une réalité si tristement tragique. Dans « C'est déjà ça », Alain Souchon réalise le même tour de force. Sans grandes envolées lyriques ou militantes, son héros venu du Soudan, dansant dans les rues avec un sac-poubelle pour tout bagage, dénonce plus simplement la xénophobie que bien des discours ampoulés. À la fin de la chanson, on ne peut qu'avoir envie d'aimer ce malheureux réfugié. Enfin, au rayon des vraies déclarations d'amour, il est bon par les temps qui courent de réécouter « L'Aziza » de Daniel Balavoine. Une chanson offerte par l'artiste à sa compagne Corinne, juive d'origine marocaine, et écrite en réaction à la poussée

de l'extrême droite dans la France des années 1980. Décédé brutalement dans un accident d'hélicoptère le 14 janvier 1986, l'artiste n'aura pas le plaisir de voir son cri rester en tête du Top 50 durant huit semaines d'affilée. Quelque quarante ans après sa création, « L'Aziza » est toujours cruellement d'actualité.

Y

YESTERDAY

Nous sommes en 1965. Ce matin-là, Paul McCartney se lève et comme un automate file au piano. Le temps de poser ses mains sur le clavier et il joue enfin la mélodie qui l'a hanté durant toute la nuit. Les notes dansent naturellement sous ses doigts comme s'il les connaissait par cœur. Au niveau des paroles, les seuls mots qui lui viennent sur cette musique sont « Scrambbled Eggs, Oh You've Got Such Lovely Legs » (œufs brouillés, vous avez de si jolies jambes), phrase qui ne veut strictement rien dire. Qu'importe, pour l'heure cette nouvelle mélodie l'obsède. Elle lui semble si évidente, si efficace qu'il se demande s'il ne l'a pas inconsciemment « empruntée ». En langage moins diplomatique, s'il ne l'a pas « pompée » sur une chanson déjà existante. Alors, pour s'assurer de la paternité de son œuvre, Paul va la jouer à tous ses amis. « Vous êtes sûrs ? Cela ne vous rappelle rien ? »... Vérification faite, l'artiste doit se rendre à l'évidence, cette jolie mélodie est bien le fruit de sa seule imagination. Reste à résoudre le problème des paroles. Sur le tournage du film *Help*, les trois autres garçons dans le vent sont au bord de la crise de foie. Paul ayant trouvé un piano, il leur rechante inlassablement ses « œufs brouillés » entre les prises, en cherchant l'inspiration. Lennon, au bord de la crise de nerfs, met à Paul le marché en main : « Ou tu trouves de vraies paroles, ou tu jettes cette mélodie et tes œufs de plus en plus brouillés à la poubelle ! » Fort heureusement, le guitariste gaucher des Beatles n'en fit rien. Il trouva enfin les bons mots quelques mois plus tard au Portugal : « Yesterday » ou l'évocation mélancolique d'un amour enfui. Vraisemblablement celui de sa mère, Mary, disparue trop tôt. « Yesterday », un monument incontournable des Beatles. D'hier, d'aujourd'hui et de demain.

YEUX

Si le visage est le miroir de l'âme, les yeux en sont les interprètes. Ainsi parlait Cicéron en ignorant que, quelques siècles plus tard, nombre d'interprètes mettraient les yeux au cœur de leurs chansons. À commencer par Marc Lavoine. Avec « Elle a les yeux revolver », il braque à l'été 1985 les premières places du Top 50. Composé par son complice Fabrice Aboulker, le texte de Marc connaît plusieurs versions quant à sa genèse. La première voudrait que ces paroles lui aient été inspirées par le film *Les Yeux de Laura Mars* d'Irvin Kershner et par sa fascination pour Faye Dunaway. Une autre explication trouverait son origine dans l'enfance du chanteur. Lorsqu'il se mettait en colère, son regard se faisait si noir que sa maman comparait ses yeux à des mitraillettes prêtes à tuer. Je vous laisse choisir entre ces deux options et vous recommande, en passant,

« La Bouche camembert », poétique et fraîche parodie de cette chanson, signée des Charlots.

Retour dans les années 1960, pour revisiter « Biche oh ma biche » que chantait Frank Alamo. Pour adapter en français le titre composé par Mort Shuman, « Sweets for My Sweet » (que l'on peut traduire par « des bonbons pour ma chérie »), la parolière Vline Buggy s'inspire du rimmel qu'utilisent les jeunes filles pour colorer leurs cils et souligner leurs yeux. Nous sommes en pleine période yéyé. Les adolescents sont devenus, grâce à leur argent de poche, de vrais consommateurs. Ils ont leur magazine, leur émission de télé et de radio et un peu plus voix au chapitre qu'ils ne l'avaient auparavant. Dans les surprises-parties, même si l'on est encore loin de la libération sexuelle des seventies, on flirte et l'on s'embrasse à bouche que veux-tu. Aussi, les jeunes filles pour se faire belles et désirables se dessinent des yeux de biche comme dans la chanson… qui deviendra un énorme succès.

Petit bond dans le temps, et nous voilà en 1980. On le sait, survivre à un énorme tube n'est pas toujours une chose aisée. Après « Je l'aime à mourir », Francis Cabrel n'a pas le droit de décevoir. Pour trouver l'inspiration, l'auteur plonge sa talentueuse plume dans l'encre des yeux de sa bien-aimée. Oui, je sais, formulée ainsi, la chose a quelque chose d'une chirurgie ophtalmologique un peu barbare. Mieux vaut écouter « L'Encre de tes yeux » sur l'album *Fragile* du poète gascon. L'histoire d'un amour impossible que la morale réprouve. Cette encre-là a des airs d'encre indélébile, tant l'artiste semble souffrir de cette inexorable séparation.

Dans le même album, Francis s'en remettra en allant se consoler dans les bras de « La Dame de Haute-Savoie ».

Enfin, le succès peut à nouveau faire de l'œil à une chanson bien des années après sa création. En 1978, Joe Dassin enregistre un album intitulé *Les Femmes de ma vie*. L'artiste demande à ses auteurs Pierre Delanoë et Claude Lemesle d'imaginer une chanson dont l'histoire d'amour se déroulerait au Canada et plus précisément à Québec. Comme à leur habitude, les deux paroliers, dans un ping-pong créatif, écrivent à quatre mains « Dans les yeux d'Émilie », sur une musique signée Vivien Valley et Yvon Ouazana.

Sans égaler les chiffres de ventes de « L'Été indien » ou d'autres énormes tubes de Dassin, la chanson rencontre à sa sortie un fort joli succès. Et soudain, l'été dernier, quarante-six ans après sa création, Émilie s'offre une nouvelle jeunesse. À la faveur de la coupe du monde de rugby 2024, des bandas, des fanfares et les fans de l'ovalie reprennent, contre toute attente, le titre en chœur. Des fêtes du Sud-Ouest aux stades parisiens, la tempête Émilie souffle sur toute la France. Des milliers de supporters tombent en amour pour elle. Sur les plateformes, Gérard Davoust, l'éditeur de la chanson, n'en croit pas ses yeux. Le nombre de téléchargements explose. La preuve qu'une bonne chanson traverse le temps avec bonheur. Émilie ne dormait que d'un œil. Le vent du succès l'a bien réveillée.

YOUR SONG

Cette superbe déclaration d'amour est le premier grand succès d'Elton John. Bien malin qui aurait deviné en Reginald Kenneth Dwight, petit bonhomme rondouillard né le 25 mars 1947 dans le Middlesex, la future rock star Elton John... Au-dessus des berceaux des nouveau-nés, les fées sont parfois facétieuses, et pour le petit Reginald ce n'était pas gagné. Coursier chez un éditeur musical et pianiste dans divers groupes, il choisit son pseudonyme en empruntant leurs prénoms à deux de ses amis musiciens (Elton Dean et John Brady). Fort de cette nouvelle identité, il décide de forcer la chance. Une petite annonce dans le *New Musical Express* retient son attention : une filiale de la firme Liberty Records cherche de nouveaux talents à auditionner. Mal assuré, il se présente. On lui demande de chanter. Il est alors contraint d'avouer que, s'il a dans sa besace des dizaines de compositions, il est incapable d'écrire la moindre ligne.

Plutôt que de l'éconduire, le directeur artistique qui l'auditionne, bien inspiré, lui met sous le nez un paquet de textes – sans musique – apportés ce même jour par un autre candidat. Sans le savoir, ce « talent scout inconnu » vient de provoquer une révolution musicale. À l'instar du mythique Lennon-McCartney, le tandem Elton John-Bernie Taupin est né. Ensemble, les deux nouveaux complices vont accoucher de dizaines

de standards. « Your Song », parue en 1970, reste encore aujourd'hui comme l'une de leurs plus belles inspirations. La mélodie d'Elton est élégante et les mots de Bernie sont simples et touchants : « Je n'ai pas d'argent pour t'offrir une maison, la meilleure chose que je puisse t'offrir est cette chanson, elle est pour toi… » Je laisse la conclusion à John Lennon, qui après avoir écouté « Your Song » déclarait au magazine *Rolling Stone* : « Je me souviens avoir pensé : c'est la première nouveauté depuis que nous [Beatles] existons. »

Z

ZIGGY

Cette chanson, écrite par Luc Plamondon et composée par Michel Berger pour l'opéra rock *Starmania*, illustre la souffrance née d'un amour impossible. Ce n'est pas, comme dans *Roméo et Juliette* de William Shakespeare, une différence de milieu social entre deux amoureux qui contrarie leur union. En l'occurrence, c'est l'évidence que Ziggy « est un garçon pas comme les autres ». Au gré des différentes versions de ce spectacle, de Fabienne Thibeault à Céline Dion en passant par Isabelle Boulay, toutes les interprètes de cette chanson, toutes ces amoureuses contrariées ont dû finir par se faire une raison.

Ziggy, inspiré du personnage de Ziggy Stardust créé par David Bowie en 1972, les nanas, c'est pas son rayon. Il est gay. Il préfère les garçons. Et elles n'en sont pas. Mais comme souvent les amours déçues et douloureuses donnent naissance à de superbes chansons. Après « Comme ils disent » de Charles Aznavour, Ziggy offre à la variété des années 1970 un autre portrait digne et poétique de l'homosexualité et un autre regard sur le droit à la différence.

ZIZI

J'ai bien conscience que « Le Zizi » n'est pas à proprement parler une chanson d'amour. En revanche, en amour, un zizi peut s'avérer utile. Voilà pourquoi je ne bouderai pas mon plaisir en assumant, dans cet ouvrage, de le traiter comme il le mérite.

Remettons les choses dans leur contexte. Nous sommes en 1974, pleine période de libération sexuelle. D'ailleurs, en cette ère de révolution giscardienne, l'Éducation nationale a décidé de déniaiser ses chers élèves et, pour ce faire, d'inclure dans les programmes scolaires plusieurs heures de cours destinés à les éclairer sur les mystères de la procréation. Il n'en faut pas plus à Pierre Perret pour qu'il décide de « tout, tout, tout... », tout nous dire sur le zizi. L'artiste se souvient : « Il y avait longtemps que j'avais envie de désacraliser le sexe. En revanche, j'étais persuadé que cette chanson ne serait jamais diffusée. » D'ailleurs, lorsque Adèle, la maison de disques du chanteur, envoie en avant-première une sélection de chansons du nouvel album aux radios, le titre n'y figure pas. Il faut que Jacques Ourévitch, grande voix d'Europe 1, tombe par hasard sur cette petite perle pour que la mayonnaise prenne. Dès sa première diffusion, « Le Zizi » de Perret fait l'effet d'une bombe. Le standard de la radio est bloqué. En quelques semaines, il grimpe en tête de tous les hit-parades. Plus d'un million d'albums et six cent mille 45 tours sont vendus et ce « Zizi » prend des airs de phénomène de société.

De sept à soixante-dix-sept ans, tous les enfants reprennent cette chanson en chœur. Plus qu'un tube, c'est un hymne.

Enfin, lorsqu'on entend la teneur de certaines paroles de chansons aujourd'hui, il est amusant de se souvenir que ce « Zizi » avait, à l'époque, un parfum de scandale.

UN GRAND MERCI À…

Pauline Bonnefoi pour sa confiance et son bienveillant soutien.

Gérard Davoust pour son amitié de toujours et ses relectures avisées.

Annie Slama pour son affectueuse traque à mes fautes d'orthographe.

François Troller pour son efficacité et sa fidélité jamais démentie.

TABLE DES MATIÈRES

A

B

C

D

E

F

G

H

I

J

K

L

M

N

O

P

Q

R

S

T

U

V

W

X

Y

Z